Twin Peaks
et ses mondes

Champs visuels

Collection dirigée par Pierre-Jean Benghozi,
Raphaëlle Moine, Bruno Péquignot et Guillaume Soulez

Une collection d'ouvrages qui traitent de façon interdisciplinaire des images, peinture, photographie, B.D., télévision, cinéma (acteurs, auteurs, marché, metteurs en scène, thèmes, techniques, publics etc.). Cette collection est ouverte à toutes les démarches théoriques et méthodologiques appliquées aux questions spécifiques des usages esthétiques et sociaux des techniques de l'image fixe ou animée, sans craindre la confrontation des idées, mais aussi sans dogmatisme.

Dernières parutions

Florent BARRERE, *Une espèce animale à l'épreuve de l'image. Essai sur le calmar géant. Nouvelle édition revue et augmentée*, 2017.
Eric BONNEFILLE, *Maurice Tourneur. Une vie au long cours*, 2017.
Rémi FOURNIER LANZONI, *Rire de plomb. La comédie à l'italienne des années 70*, 2017.
Raphaël ROTH, *À l'écoute de Disney. Une sociologie de la réception de la musique au cinéma*, 2017.
Hyun Jung CHOI, *Origines et prémices du personnage documentaire. La liminalité du personnage documentaire I*, 2017.
Hyun Jung CHOI, *Émancipation et évolution du personnage documentaire. La liminalité du personnage documentaire II*, 2017.
Jean-Pierre ESQUENAZI, *Eléments pour l'analyse des séries*, 2017.
Camille GENDRAULT, Voir Naples ? Le cinéma et la ville, *Mutations de fin de siècle (1980-1998),* 2017.
Michel CONDÉ, *Cinéma et fiction, Essai sur la réception filmique*, 2016.

Jean Foubert

Twin Peaks et ses mondes

L'Harmattan

Du même auteur

Jean Foubert, *L'Art audio-visuel de David Lynch*, Éditions L'Harmattan, 2010.

5-7, rue de l'Ecole-Polytechnique, 75005 Paris

http://www.editions-harmattan.fr

ISBN : 978-2-343-13507-6
EAN : 9782343135076

À Morgan

Surfaces et textures

1

Dans l'histoire des arts visuels, il n'y a pas d'image isolée ou orpheline. Sans lien de généalogie et de filiation. C'est qu'il existe une éducation de l'œil qui fait que les images copulent et s'imbriquent. Que des parentés se nouent. Au début du générique des deux premières saisons de *Twin Peaks*, une grive à collier se tient perchée sur la branche d'un résineux, la tête mobile, les sens aux aguets. L'image évoque celle du rouge-gorge qui dévore avec gourmandise un hanneton dans le jardin de la famille Beaumont au moment de la conclusion de *Blue Velvet* (1986).

Le dos d'une œuvre plie sous le poids du souvenir. Elle croise le fil de celles qui l'enrichissent. Au terme du *Temps Retrouvé*, le corps grandi par le temps du duc de Guermantes vacille sous le poids des années accumulées quand il se lève de sa chaise. Cette vieillesse est un trésor pour qui sait en valoriser la prégnance. Entre *Twin Peaks* et *Blue Velvet*, les liaisons sont dangereuses, le cousinage fort et incestueux. La série s'invite à être vue pour une version élargie et feuilletonesque du film dont la chaîne américaine ABC diffusera les premières images un soir d'avril 1990 à 21 heures.

En France, la série de David Lynch est connue par le nom de *Mystères à Twin Peaks*. *Blue Velvet* aurait pu s'intituler *Mystères à Lumberton*, du nom de la petite ville miroir de Twin Peaks où se déroule l'intrigue du film. Les rideaux de *Blue Velvet* sont de couleur bleue quand, dans *Twin Peaks*, ils sont de couleur rouge. Les saisons ne sont pas les mêmes : à Lumberton, un début d'été éclairé par l'azur radieux de l'ouverture ; à Twin Peaks, une fin d'hiver ponctuée du froid humide des brumes du petit matin du jour de la découverte du corps de Laura Palmer (Sheryl Lee). Œuvres jumelles, le film et la série sont issus d'une seule matrice. L'une et l'autre empruntent aux gros bourgs de l'Amérique des classes moyennes des années 1950 les décors qui sertissent deux versions d'une fable de film noir de détection dont le personnage d'enquêteur est incarné par le même acteur : Kyle MacLachlan.

2

La grive à collier disparaît dans les volutes de fumée blanche qui s'échappent des cheminées de la scierie Packard. Le bâtiment est situé à distance raisonnable de l'œil, dans cette zone intermédiaire de l'espace qui est le lieu traditionnel de la pastorale.

Suivent trois vues rapprochées de l'intérieur de l'usine, de l'atelier, des scies circulaires et des rouages mécaniques qui crachent des étincelles. En filigrane, une grosse grume posée sur un vieux wagon rouillé qui est échoué aux abords d'une voie ferrée. Puis, dans la simultanéité du fondu enchaîné, le plan qui borne le site et l'ontologie du microcosme. C'est une vue de l'entrée du comté. Elle est bientôt mêlée aux eaux d'une cascade (White Tail Falls) qui rejoignent une onde troublée par de légers remous et le reflet des grands arbres qui s'y mirent.

Le générique est vidé du bruit de la nature et de l'industrie : la grive est aphone, l'ouvrage à la scierie silencieux, les arbres bougent sans bruissement, la cascade retombe muettement dans l'eau de la rivière Columbia. De la présence de l'homme également : seule sa main est manifeste dans certaines de ses extensions, l'économie de la découpe du bois, notamment. Quelqu'un, quelque chose est mort : la grume est pareille à une stèle funéraire, un objet ainsi fait qu'il appelle au remembrement des temps passés. Portée par les basses profondes et les tristes notes de clavier du thème « Falling » composé par Angelo Badalamenti, l'image amorce la mélancolie d'un monde dont un fantôme abîme le présent.

La caméra cadre la bande de bitume à deux voies coupée d'une ligne continue jaune qui conduit à la ville. Les secondes qui s'étirent consolident l'instant de la photographie en durée contemplative et élégiaque. Le plan s'installe sur un temps plus long que celui de l'écran et courbe sous l'effet du pressentiment funeste de l'événement tragique qui leste les villes désertées du western. On connaît le vide des grands espaces naturels américains. Mais cette route et les deux poteaux électriques qui la bordent sur la droite ont été édifiés. Où sont passés les habitants et les véhicules qui devraient l'emprunter ? L'au-delà ? Devenus des présences, des voix sans corps, qui, comme celles de Spoon River, petit bourg de la poésie d'Edgar Lee Masters (1915), alourdiraient l'ici en l'engravant ? C'est, avec la silhouette dénudée des grands arbres du bas-côté, un paysage d'hiver et de fin de vie.

La route trace son chemin le long d'une rivière, entre l'herbe et le gravier. Elle plonge et s'évanouit à mi-distance, après la large incurvation d'un virage situé en contrebas d'un rideau de conifères dense et opaque. C'est un cul-de-sac. À l'arrière-plan, verticales et dominantes, cernées par de légères brumes, les sommets tâchés de neige, les montagnes jumelles, White Tail et Blue Pine, clôturent fermement l'horizon.

Quelqu'un a planté une balise qui ancre le regard et où l'œil lit : Twin Peaks, 51201 habitants. Comme, plus tôt, celui de Lumberton dans *Blue Velvet* ou, plus tard, celui de Rancho Rosa dans la saison 3 de *Twin Peaks* (2017), le panneau indicateur est peint : c'est une représentation picturale, graphique et minimale du paysage naturel photographié par la caméra, un petit cadre qui double de l'intérieur le cadre du plan. L'agent Dale Cooper réunit les notables de la ville dans la salle du conseil municipal pour les informer des premiers développements de l'enquête. Accrochée au mur, derrière lui, une peinture vilaine et naïve des premiers temps du bourg déclenche une vue de décor extérieur fait de paysages bucoliques, sylvestres et montagneux.

On le sait : D. Lynch était peintre avant d'être cinéaste. C'est fasciné par une illusion d'optique qu'il a considéré l'opportunité esthétique d'une mise en branle de son univers pictural. « J'étais dans mon box ; il était à peu près trois heures de l'après-midi. Je travaillais à un tableau, c'était un jardin, la nuit. Il y avait beaucoup de noir, avec des plantes vertes qui émergeaient de l'obscurité. Soudain, ces plantes se sont mises à bouger, et j'ai entendu le vent. Je ne prenais pas de drogues ! Je me suis dit : *Oh, c'est fantastique, ça !* Et j'ai commencé à me demander si le film pouvait être un moyen d'animer les peintures[1]. » Cet aller n'est pas sans retours. La télévision et le cinéma de D. Lynch sont habités par le spectre de l'image fixe.

L'image imprimée de la photographie anticipe la vue en plan réel. Dale Cooper et le shérif Harry S. Truman (Michael Ontkean) ont saisi les contenus du coffre-fort de

[1] David Lynch, *Mon histoire vraie*, Paris, Éditions Sonatine, 2008, p. 22 (traduction : Nicolas Richard).

Laura Palmer. Parmi les indices recueillis, une revue pornographique où figure, en illustration d'une petite annonce, la photocopie noir et blanc de mauvaise qualité d'un cliché qui montre un camion garé sur le devant d'une maison. Par le moyen d'une surimpression, la vue photographiée reproduite dans le magazine est doublée par le plan filmé du camion et de la maison. Plus tard (épisode 3, saison 3), la photo encadrée du bureau de Gordon Cole (D. Lynch) amorce la séquence filmée du déroulement de l'explosion nucléaire qui a lieu dans le désert du Nouveau-Mexique en 1945 (épisode 8, saison 3).

Une murale hawaïenne décore l'appartement du docteur Lawrence Jacoby (Russ Tamblyn). C'est une découverte du nom donné aux murs peints du temps de la Renaissance. D. Lynch joue de la tradition ancienne de manière féconde. Il use de stratagèmes de dédoublement et de surimpression pour redéployer le fond du décor dans l'intérieur des limites du cadre sous la forme de peintures ou de photographies. Le procédé accuse le caractère reproductible et construit du paysage d'arrière-plan de la série, qu'il rapporte stylistiquement à la murale exotique et incongrue qui habille la paroi brute et nue du logement du docteur Jacoby. Il arrive parfois que la découverte soit animée comme dans l'épisode 13 de la saison 3. Au quartier général du gang organisé, l'écran du système de surveillance est grand comme le mur. Il diffuse en simultané le drame que filme la caméra.

3

S'il œuvre à un redéploiement analogue aux jeux de la découverte, l'emploi du très gros plan est à l'origine d'un bouleversement assurément plus dévastateur. L'indice, qui démarre le procès de l'investigation de *Blue Velvet*, est une oreille découpée que Jeffrey trouve dans un terrain vague à la lisière des bois qui bordent la ville. « L'oreille est large et quand elle se rétrécit, elle mène à quelque chose d'immense », explique D. Lynch[2]. Quand l'œil de la caméra explore le canal auriculaire, il agrandit vertigineusement la dimension du petit trou noir pour lui donner la taille d'un vide cosmique qui finit par recouvrir l'intégralité du cadre.

Le procédé n'est pas isolé. Par l'effet d'un cadrage extrêmement resserré, un élément de fond de décor, la surface nuageuse, ondulante et bleutée de l'écran d'un poste de télévision se déploie sur la totalité de l'avant-plan jusqu'à le saturer et le déborder (l'ouverture du film *Twin Peaks*). Au début du douzième épisode de la saison 2, l'intérieur d'une perforation d'un carreau de plafond d'une cellule du bureau du shérif emplit le cadre jusqu'à ses bords et au-delà.

La dramatique du mode opératoire recoupe celle des peintres Jackson Pollock et Mark Rothko. Il se produit le « dépliement de la surface dans la surface » dont l'historien de l'art Jean Clay dit qu'il est ce qui articule le *all-over* inventé par l'expressionnisme abstrait[3]. Radical, le bouleversement n'est pas qu'esthétique. Il affecte la physique ainsi que l'ontologie. Les navigateurs mutants de la Guilde du film *Dune* (1984) possèdent le pouvoir de déplier et de replier l'espace pour relier les différentes planètes de l'Empire entre elles. Les rideaux rouges de

---

[2] Chris Rodley, *David Lynch. Entretiens avec Chris Rodley*, Paris, Les Éditions de l'étoile/Cahiers du cinéma, 1998, p. 105.

[3] Jean Clay, « Pollock, Mondrian, Seurat : la profondeur du plat », dans Hans Namuth, *L'Atelier de Jackson Pollock*, Paris, Macula, 1978 (traduction : Ann Hindry).

Twin Peaks s'écartent et se referment pour dévoiler et occulter la clairière de la forêt du Nord-ouest américain, la grand-route du désert du Dakota du Sud. L'univers advient par la dynamique de contraction et d'expansion de ses réalités et de ses surfaces.

L'ouverture de *Blue Velvet* affiche avec une force frontale la platitude des mondes filmés par l'auteur. Après avoir déroulé une série de vues idylliques et sereines d'une petite ville américaine, de ses pavillons proprets et de ses pelouses au vert éclatant, la séquence isole une vue inquiétante de la vie organique qui est cachée dans l'herbe du jardin. Ce n'est pas le rideau des apparences que la caméra traverse. L'objet de la vue rapprochée est de créer un changement d'échelles qui comprime l'écart entre l'œil du spectateur et la surface du sol.

D. Lynch raconte qu'enfant, il a vu « la vie à la fois en très gros plans (par exemple de la salive mêlée à du sang) et en plans d'ensemble, celui de mon environnement paisible [Rodley, *David Lynch*, 15]. » L'espace est texture, une superposition de différentes strates réglée par le contraste de vues d'ensemble et de gros plan qui suscitent des effets de déportement et de décadrage, spectaculaires et violents qui substituent au rapport vertical et hiérarchisé du centre à la périphérie, du premier à l'arrière-plan, un rapport horizontal et indifférencié.

Le procédé d'une vue d'ensemble participe d'une consolidation du paysage américain et de ses icônes. Un des *teasers* employés pour la promotion de la saison 3 de *Twin Peaks* propose une série d'images devenues des types emblématiques de la fiction (la maison des Palmer filmée en contre-plongée, le bureau du shérif, les conifères voilés par la brume). Les décors n'ont pas changé. « C'est vous Lucy ? Vous êtes restée là toutes ces années (Gordon Cole, épisode 14, saison 3) ? » Tout reste bloqué dans la perpétuité du cliché. À l'image d'Edward Hopper, le réalisateur investit le grand théâtre de l'*Americana* dont lui et le peintre scellent le mouvement : les petites villes et les pavillons, les motels et les restaurants, les routes et les forêts projetés tels les ombres d'une fantasmagorie sur le fond nu de l'espace. Quelqu'un le dit dans *Elephant Man* : « rien ne meurt jamais. » Comme en ces récits intrigants relatant des cas de métempsychose, le cliché revit, pris dans le cycle sans fin de ses résurrections successives.

En mission dans le Dakota du Sud (épisode 4, saison 3), Gordon Cole est contrarié de ne pas avoir l'occasion de visiter le mémorial national du Mont Rushmore. L'agent Albert Rosenfeld (Miguel Ferrer) lui tend une photographie du site qui remplace la vue réelle des visages des présidents américains sculptés dans la roche. *Twin Peaks* égrène une longue série de clichés iconographiques travaillée par une stratégie concertée de mise en abîme qui fait qu'une scène se met en scène. D. Lynch est artiste de l'hyperréalité davantage concerné par la représentation d'une manière américaine que par la représentation de l'Amérique elle-même.

Le tableau d'E. Hopper est connu. *Gas* (1940), sa route déserte courbée en un large virage et la masse d'arbres qui obture l'horizon depuis le côté gauche, est imprimé sur le paysage filmé de l'orée du comté. Le garage de la ville provoque le souvenir de la station-service Mobil Gas posée sur la droite de la toile, qui semble avoir aussi insufflé vie au magasin général fantôme de la saison 3. Les représentations de Gloucester et d'Orleans (*Scène de rue à Gloucester* [1934] ou *Orleans, portrait* [1950]) doublent les vues filmées de Lumberton et de Twin Peaks. La peinture *Office at Night* (1940) inspire le personnage féminin et le décor des deux meurtres horribles qui ont lieu dans la station de radio KPJK du désert du Nouveau-Mexique (épisode 8, saison 3). Rappelant la photographie de Walker Evans, la manière frontale de *Tôt un dimanche matin* (1930) évoque le style de cadrage employé pour filmer la façade de l'hôtel de police de Buckhorn dans *Twin Peaks : The Return.*

La coïncidence des deux œuvres est assurément remarquable. Mais, par le procédé stylistique itéré de la vue de détail, le réalisateur bifurque d'avec le chemin du peintre pour ne plus uniquement travailler à la typification de l'*Americana* mais aussi à ce qui est une particularisation de la scène. On connaît *Meaning in the Visual Arts* et l'exégèse impressionnante d'Erwin Panofsky de l'art graphique d'Albrecht Dürer qui signale la démarque de ces deux pratiques pour être, la première, le marqueur de la tradition classique, la seconde, celui de la tradition gothique.

4

Allegories of Vision and Modernity de Tom Gunning force le respect du grand livre. L'historien du cinéma met en avant la fonction topographique du plan dans les films de Fritz Lang[4]. Le détail s'efface devant la priorité d'une stricte délinéation. Comme dans l'univers pictural d'E. Hopper, il importe avant tout de baliser le champ de la vision pour ouvrir les fractures qui règlent la composition. Par contraste, chez D. Lynch, les vues de gros et de très

[4] Tom Gunning, *The Films of Fritz Lang. Allegories of Vision and Modernity*, 2000, Londres, British Film Institute, p. 235-236.

gros plan, qui permettent d'isoler un élément du décor pour en inspecter la paroi, brouillent les contours et la forme indentifiable de l'objet. Le réalisateur œuvre moins à l'essentialisation qu'à l'échantillonnage du monde visuel de la fiction. Comme chez Jacques Tati qu'il admire, la scène est une surface dont la caméra révèle le foisonnement et l'hétérogénéité : dans l'ouverture de *Blue Velvet*, une mosaïque animée d'insectes carnassiers, dans celle du film *Twin Peaks*, un champ ondulatoire de formes ectoplasmiques.

D. Lynch filme le grésillement d'une ampoule, le piétinement d'un oiseau sur sa branche, le clignotement d'un néon reflété dans une flaque d'eau, l'arbre qui bouge sous l'effet du vent. Le temps du mouvement continué du générique de la saison 3, il mêle un cliché iconique de Laura Palmer aux bois voilés par la brume, l'eau de la cascade à celle de la rivière, le cours de la rivière à l'ondulation des rideaux de la chambre rouge, le tremblement des rideaux aux stries du parquet de la loge. La surface frémit, fourmille et frissonne. Elle n'est pas chose morte ou statufiée. Elle est chose organique et mouvante. Le bouton de tiroir d'une table de chevet se déforme pour épouser l'expression terrorisée de Josie Packard (Joan Chen) alors qu'elle vient d'agoniser sur le lit d'une chambre de l'hôtel du Grand Nord. Ses hurlements paraissent avoir sculpté, golem ou gargouille, le visage effrayé et souffrant de la jolie asiatique dans le bois massif du petit meuble (épisode 16, saison 2). Musique et son arrachent l'objet au silence et à l'immobilité du néant. C'est, ne l'oublions pas, le bruit du souffle du vent qui suscite le mouvement imaginé de la peinture et, par ricochets, cause l'envie du cinéma. Plus tard, le bruissement entendu au fond de l'oreille découverte qui démarre le branle du monde et de son investigation.

5

Pour Slavoj Zizek, le contraste de la vue d'ensemble et de la vue de gros plan désigne une crispation ontologique[5]. Dans l'ouverture de *Blue Velvet*, voir au plus proche permet de cibler la présence menaçante des insectes qui pullulent dans le gazon. C'est-à-dire, pour jouer au petit Lacan, de cadrer l'occurrence de l'objet innommé. Du corps écorché. De situer la chose qui refuse de se laisser assimiler. Inscrire. Et qui suscite le sentiment de l'inquiétante étrangeté étroitement associé à l'univers de l'auteur.

On ne parle pas de l'instant tabou de l'entremêlement des corps poliment masqué par l'ellipse. Pas davantage que de celui du meurtrier caché hors champ qui attend sa victime armé d'un couteau. Non de ce qu'on ne filme pas, mais de ce qu'on ne peut pas filmer et qui ne se reconnaît qu'à l'instant où se fait l'expérience de ce que la réalité possède un débord qui est le vide sur fond duquel elle se produit. Le mouvement d'expansion déclenché par le très gros plan ouvre dans la direction d'un infini dont le plein avènement est empêché par la limite matérielle du cadre contre laquelle il bute. Dans l'univers des arts, le sublime se produit quand l'œuvre saisie dans sa finitude manifeste l'écart qui la tient pour toujours à distance de l'objet qui est sa fin. C'est par un paradoxe éloquent défiant tout effort à se le représenter qu'Albert Einstein élucide le monde de la relativité pour être « fini et cependant sans

[5] Slavoj Zizek, *The Metastases of Enjoyment. Six Essays on Woman and Causality*, Londres et New York, Verso, 1994, p. 113-114.

bornes[6]. » Autant que le cosmos et l'infiniment grand, l'informe et l'infiniment petit relèvent du domaine du sublime : les tréfonds d'une oreille, la minuscule perforation d'un panneau de plafond qui entraînent les réalités imaginées par D. Lynch dans le mystère impénétrable de l'aporie.

6

D. Lynch est fasciné par la peinture de Francis Bacon. Il filme la convulsion, la torture et le démembrement des chairs. L'action se déroule à Buckhorn dans le Dakota du Sud. L'intérieur de l'immeuble locatif est beau comme un cliché photographié de William Eggleston. Une résidente alertée par l'odeur nauséabonde qui provient de l'appartement d'une voisine prévient la police. Deux agents arrivent sur les lieux et aperçoivent la tête d'une femme qui repose sur l'oreiller du lit de la chambre, le visage énucléé par l'impact d'une balle de gros calibre. Supérieur et légiste sont appelés en renfort. Cachée sous la couverture et le drap repose la masse flasque et velue d'un homme décapité. L'arrangement incongru et contre-nature des deux cadavres choque au moins autant que la violence physique extrême des deux assassinats. Plus tôt, dans le sous-sol d'un immeuble new-yorkais gardé par un vigile, un homme a la mission mystérieuse de surveiller une cage en verre. Une femme vient lui livrer du café. Ils font l'amour. Une silhouette effrayante et floue s'échappe de la cage. Le spectre massacre le couple, lacère les corps. L'horreur est sans visage et sans contours. L'immeuble n'a pas de propriétaire. Les gardiens ont disparu. Les caméras de vidéosurveillance n'ont rien enregistré (épisode 1, saison 3). Quand je pose la question « mais,

---

[6] Albert Einstein, *La Relativité*, Paris, Petite Bibliothèque Payot, 1963 [Gauthier-Villars, 1956], p. 127 (traduction : Maurice Solovine).

qui a bien pu faire cela ? », je ne dis pas simplement que je ne sais pas mais que je ne peux pas savoir, concevoir ou m'imaginer : je pénètre le domaine trouble et aliénant de l'inarticulé et de l'informité. Comme le répète Jacques Lacan, le plus terrible des secrets, le « das Ding », est une anti-nature *qui ne cesse pas de ne pas s'écrire.*

Cette chose appelée le « das Ding » centre l'épisode de l'autopsie du corps de Teresa Banks (Pamela Gidley) dans le film *Twin Peaks*. La répulsion viscérale suscitée par la séquence a partie liée avec le sentiment de l'absurde. Les agents Chet Desmond (Chris Isaak) et Sam Stanley (Kiefer Sutherland) examinent la victime, violentent sa chair. Mais ils n'identifient pas le meurtrier, n'empêchent pas le meurtre de Laura Palmer. L'efficacité du récit est retournée à l'abjection du spectacle. La faillite de l'enquête provoque la résurgence de l'innommé. « Dead Eyes Opened [Severed Heads]. » L'évolution s'inverse pour revenir à l'authenticité physique de la texture froide et pétrifiée des tissus du corps qu'on ausculte et qu'on écorche. Le dégoût est atavique et absolu.

De nos jours, la chirurgie anatomique n'est plus l'exercice infamant qu'elle pouvait encore être au dix-neuvième siècle. Le légiste n'est plus le déviant, le savant fou. Le rationalisme scientifique hérité de la philosophie des Lumières s'est imposé au plus grand nombre. Peu d'entre nous se choquent maintenant de ce qu'on ouvre un corps pour en étudier l'intérieur. Nécessité fait loi : il faut rétablir l'ordre que le crime a bouleversé. Très tôt, toutefois, la résistance s'organise. Dans l'art de l'avant-garde tout particulièrement. Marqués par le retour du front des soldats grièvement blessés de la première guerre mondiale, les surréalistes travaillent la matière meurtrie du corps. Dans *Un chien andalou* (1929), S. Dali et Luis Buñuel filment l'œil d'une femme passé au fil de la lame affûtée d'un rasoir. Dans *Le Sang des bêtes* (1949), Georges Franju montre la brutalité crue de la mort des animaux dans les abattoirs parisiens de Vaugirard et de la Villette dont Eli Lotar immobilise la vérité nue dans le photoreportage *La Villette rouge* écrit par Carlos Rim (1931). *Sailor et Lula* (1990) et *Twin Peaks* (2017) mettent en scène le spectacle télévisé de l'éviscération animale sur le petit écran de la chambre de motel et le grand écran plat de salon. Johnnie Faragut (Harry Dean Stanton) est exalté, Sarah Palmer (Grace Zabriskie) amorphe et blasée. Inscrit dans le prolongement du courant surréaliste, le cinéma no wave apparu dans les années 1970 est un cinéma de l'abject et de l'outrage révélé par l'obsession de la scarification, du sado-masochisme, des fluides corporels et du fétichisme. *Eraserhead* (1976) en est l'emblème le plus connu. L'œuvre exploite l'imagerie de la mutilation et décline les clichés de cauchemar qui scandalisent la raison. Il s'agit d'écoeurer jusqu'à la nausée et justement on vomit souvent chez D. Lynch comme Lula ou les doubles de Dale Cooper dans *Twin Peaks : The Return.*

Teresa est allongée sur une table d'examen placée au milieu d'une grange aménagée, pourvue d'instruments d'analyse et de dissection rudimentaires. Le décor et l'appareil technologique évoquent davantage l'univers de la police scientifique d'un polar datant de l'âge classique du noir que celui, ultrasophistiqué, clinique et aseptisé, qu'on rencontre habituellement dans la fiction policière contemporaine. L'archaïsme des moyens mis en œuvre pour scruter la dépouille de la jeune fille ne suffit pas à expliquer la singularité de la scène. Il y a l'inexpressivité figée du regard et du visage, la pâleur hypothermique du teint, l'éclairage glacial de la salle mortuaire, le bruit oppressant du silence pour causer le sentiment de malaise.

Les options de mise en scène sont calculées. Les détails macabres s'accumulent. On ne sait pas si D. Lynch veut restituer la vérité physique de l'autopsie ou bien contenter l'obsession du morbide. Mais on ne peut qu'être troublé par le soin avec lequel Desmond et Stanley placent un magnétophone à côté du visage de Teresa, par le bruit fait par le craquement de vertèbres cervicales rigidifiées quand les deux agents manipulent son cou à gauche puis à droite. À droite puis à gauche. De même qu'on est frappé par la série de gros plans qui découpent le corps de Teresa, son visage grimaçant et sa bouche entr'ouverte notamment. Toutefois, c'est moins par le climat, qui n'est qu'une caractéristique attendue de l'autopsie et de sa représentation, que par le souci de l'exactitude que la scène se distingue. L'autopsie est vue de trop près. Une présence étrangère se manifeste. Elle est hostile. Elle n'a pas sa place dans l'ordre du monde.

Les deux agents ont repéré une contusion sous l'ongle de l'annulaire gauche de la victime. Pour observer au plus proche, ils placent la main de Teresa sous l'œil d'un microscope qui cadre en très gros plan subjectif l'ongle que Stanley décolle à l'aide d'une petite pince. Il extrait de dessous la partie cornée une lettre tapée à la machine. L'image est saisissante. Elle est comme Méduse. Elle révulse et capte le regard.

Le Prix du progrès. Theodor Adorno et Max Horkheimer citent les travaux du physiologiste français du dix-neuvième siècle Pierre Flourens. Un patient chloroformé éprouve pleinement la souffrance physique occasionnée par l'opération chirurgicale. L'anesthésiant n'annule pas la douleur. Il en exclut le souvenir. C'est pour S. Zizek une métaphore idéale de l'épiphanie qui signe l'œuvre de D. Lynch[7]. Une image parfaite de la pression exercée par la société et le langage sur le secret abominable et indicible logé au cœur de l'ontologie de l'auteur. Fondu au noir : l'autopsie de Teresa Banks se termine par un effet d'aveuglement. Les agents Desmond et Stanley referment la porte de la salle mortuaire sur un cut magistral et assourdissant.

[7] Slavoj Zizek, *The Art of the Ridiculous Sublime. On David Lynch's* Lost Highway, Seattle, University of Washington Press, 2000, p. 44.

Amériques

1

Les premiers plans du pilote s'inscrivent dans la continuité des derniers instants du générique. D. Lynch filme la torpeur matinale du paysage lacustre sur lequel débouche le flux calme de la rivière. L'extérieur de la maison Packard où vivent Josie, sa belle-sœur et son mari, Catherine et Pete Martell (Piper Laurie et Jack Nance) : une élégante villa en bois posée sur les rives gravillonneuses du lac Noir devant laquelle pataugent quelques canards. Et, plus au loin, les montagnes et les forêts de grands conifères qui contiennent l'étendue d'eau. C'est l'aube et le monde de *Twin Peaks* sort de son mutisme pour faire entendre une myriade de bruits discrets : le pépiement d'un oiseau, le murmure d'une corne de brume, le tintement d'une cloche, le clapotis de l'eau. Le lieu du drame possède le rythme nonchalant de l'hypnagogie.

Premier des personnages à apparaître dans l'intérieur chaleureux et ouaté d'une chambre : Josie. Elle se maquille face à un miroir comme le ferait l'actrice de cinéma songeant au rôle dont elle a l'interprétation. La jolie veuve est absente. Là sans l'être. Absorbée par ce qui semble être le déroulé d'un rêve éveillé. Mélancolie profonde ou monologue intérieur ? À l'étage du dessous, dans la cuisine, l'ancien bûcheron, Pete, s'apprête à partir à la pêche, thermos de café, canne et besace à la main. Catherine a un mouvement d'évitement de la tête quand il veut l'embrasser pour lui dire au revoir. « Gone fishing. » Il part. La porte se referme. Alertée par le bruit, Josie se retourne. On la devine sur le qui-vive. Son attitude intrigue : sait-elle quelque chose de la macabre découverte qui attend Pete au-dehors ? Le non-dit tisse la trame d'un certain malaise et nourrit la présomption du schème du secret dissimulé qu'amorce le thème musical à la tonalité sombre et inquiétante entendu depuis le moment où la caméra pénètre le dedans de la villa.

L'instant d'après, Pete marche le long de la rive. Il s'arrête pour écouter le son lancinant de la corne de la brume, hume l'air frais et humide de la forêt, puis marmonne sur le ton confidentiel de l'aparté : « The lonesome foghorn blows. » Derrière lui, on voit la maison Packard, en contrebas, un énorme tronc d'arbre, sous lequel est venu s'échouer un corps emmailloté dans du plastique. Pete se retourne, remarque la forme oblongue qui gît une centaine de mètres plus loin, revient sur ses pas et découvre, avec effroi, la silhouette d'un cadavre au cheveu long, blond et ondulé. « She's dead, wrapped in plastic. » L'ancien bûcheron regagne la villa, appelle le bureau du shérif. La secrétaire, Lucy Moran (Kimmy Robertson), se perd en babillages qui amusent autant qu'ils agacent pour retarder le déroulement de l'intrigue.

Ce n'est là qu'une première circonvolution inventée par un récit qui prend plaisir à entretenir le suspense entourant l'identité de la personne assassinée. Il y a, dans les affaires d'homicide, certain protocole à respecter : la présence d'un médecin, d'un adjoint qui ne contient pas son émotion, des photographies à prendre… On ne badine pas avec la procédure de la police et du mélodrame. D. Lynch joue d'atermoiements qui exaspèrent la patience et placent le personnage de la victime au centre du drame et de l'attention.

Car la morte n'est pas Jane Doe, l'anonyme abandonnée sur le bitume détrempé d'un trottoir : elle est l'Ophélie de la fiction, la jeune fille belle et rayonnante dont le destin funeste charge le village de chagrin. Sa disparition éteint les promesses enthousiastes du devenir. Condamne à vivre avec le regret de perspectives étouffées. Le monde que conte *Twin Peaks* est mort. Cette série est une vanité. Le corps meurtri de Laura Palmer un *memento mori*. Les histoires de fantômes possèdent le pouvoir doublé d'émouvoir et d'effrayer. Les admirateurs du cinéma d'Alfred Hitchcock le savent bien. Ils ont vu et revu *Sueurs Froides* (1958). Ont tremblé. Mais aussi beaucoup pleuré.

2

L'univers des saisons 1 et 2 de *Twin Peaks* est placé sous les signes jumeaux du pastoralisme et de l'élégie. Son paysage raviné par la nostalgie. On sait bien la puissance du ressort mélodramatique de la persistance d'un passé auquel le présent refuse d'abdiquer pour ce qu'il pourrait être meilleur. Et, parce qu'elles se nourrissent du souvenir d'un Eden perdu, les nostalgies du mélodrame américain recoupent avec régularité celles du récit pastoral.

Rip van Winkle (1819) et *La Légende du creux ensommeillé* (1820) de Washington Irving ont largement balisé le domaine. L'angoisse de l'aphérèse et le traumatisme du changement gouvernent des fables faites pour dire que, puisqu'il a toujours été sans lieu où s'accomplir, le désir d'habiter quelque part est toujours celui d'un impossible retour. La fiction isole la triste absence de l'ici présent qui est ce par quoi s'excite le plus pénible de nos désirs. *Twin Peaks* est accablé par le poids de la « nostalgie du présent » dont Clément Rosset parle si bien dans *Le Philosophe et les sortilèges*. « On se languit non de voir revenir ce qui fut ou survenir ce qui pourrait être, mais simplement de voir advenir ce qui est[8]. »

D. Lynch a conscience qu'il ment. Qu'il se ment. Mais, il se refuse à ne pas idéaliser l'industrie raisonnée des scieries d'autrefois et les paysages sylvestres de l'enfance. Le souvenir produit l'émerveillement de l'artiste qui a la passion de l'ébénisterie [Rodley, David *Lynch*, 123]. À Lumberton, qui signifie très littéralement la ville du bois, le ronronnement de la tronçonneuse rythme la programmation de la radio locale. À Twin Peaks, on filme le coucher du soleil sur les eaux du lac encadré par la forêt. Le va-et-vient des camions qui transportent les arbres fraîchement abattus. Le travail à la scierie Packard des ouvriers habillés de chemises bûcheron. L'hôtel du Grand Nord, ses parquets, ses lambris et son mobilier en bois massif. Les plaisirs simples de la flânerie en forêt. Du pique-nique et du campement. Le major Garland Briggs (Don Davis) et l'agent Cooper grillent des marshmallows. Laura Palmer, Donna Hayward (Lara Flynn-Boyle) et James Hurley (James Marshall) s'amusent. Audrey Horne (Sherilyn Fenn) et John Justice Wheeler (Billy Zane) tombent amoureux et partagent le repas. Dépourvues d'ironie, ces scènes possèdent le pouvoir physique et instantané d'affecter le téléspectateur par une sincérité d'une naïveté désarmante.

L'objet de la rêverie – le temps, le lieu et le scénario de l'utopie – est connu depuis *Blue Velvet*. C'est un bourg du creux des terres et de l'*hinterland*. La journée est agréablement ensoleillée. L'ombre confortable et

---

[8] Clément Rosset, *Le Philosophe et les sortilèges*, Paris, Minuit, 1985, p. 112.

moelleuse des arbres modère la chaleur de l'été. Le paysage est paré des belles couleurs d'aquarelle d'une Amérique provinciale et pimpante (le bleu roi d'un ciel sans nuage, le rouge et le jaune des fleurs épanouies, le blanc immaculé de la barrière). Le camion rutilant des pompiers avance au ralenti. Les enfants modèles traversent sagement la rue. Les pelouses des jardins sont du même vert joyeux que celui qui colore le jardin des Dayton dans *Lost Highway* (1996) ou celui des Straight dans *Une histoire vraie* (1999). Tout est uniforme, prospère et accueillant. Le crooner, Bobby Vinton, fredonne un standard de la musique de variété américaine du début des années 1960.

Comme le dit Dale Cooper, un « petit coin de paradis » que dessert une route oubliée (le seul véhicule qu'on voit l'emprunter est celui de l'agent spécial venu enquêter), une enclave amène et familière qui possède aéroport, terrain de golf, clinique et lotissements résidentiels. Le policier y est avenant et dévoué, la jeune fille souriante et jolie, son *boyfriend* prévenant et sérieux. Personne ne se presse et tout le monde se connaît. On y ignore le tohu-bohu et l'anonymat métropolitains. Repliée dans le creux des terres (ΔΔ), planquée à l'ombre des pics jumeaux White Tail et Blue Pine, Twin Peaks est un îlot de confort et de sécurité perdu au milieu d'un univers sinon dangereux du moins contingent. Vous entendrez certainement dire au restaurant le Double R qu'une grange a brûlé l'année dernière. Mais, jusqu'au meurtre de Laura Palmer, rien ne paraît avoir véritablement troublé la tranquillité et l'ordre de la petite communauté.

La sérénité a un prix. Le lieu a le parfum malin de la névrose, le poids inerte de l'entrave. Le village est reclus et sclérosé. On marche avec difficulté. Bobby Briggs a tout d'un pantin désarticulé sur le point de s'effondrer quand il recule maladroitement sur le devant du lycée. Les paroles collées au rythme jazz syncopé claironnent : « I look down and my shoes are so far away from me (*Twin Peaks : Fire Walk with Me*)… » On s'enferme. Harold Smith (Lenny von Dohlen), le confident agoraphobe de Laura, vit cloîtré dans sa maison. On ne s'éloigne pas. Les lignes de chemin de fer désaffectées s'oxydent lentement. Les wagons gisent à l'abandon dans des clairières oubliées. L'asphalte est le lieu du danger : « Hey ! J'ai failli me faire tuer en venant ici. Un connard sur l'autoroute m'a foutu dans le décor. J'ai vu que deux phares foncer droit sur moi. J'ai failli me prendre un arbre. Je tuerais ce connard (épisode 12, saison 3)… » Le lieu de la mort et du chaos : Chantal (Jennifer Jason Leigh) et Hutch (Tim Roth), le couple de meurtriers sadiques à la solde de Mr. C (K. MacLachlan), circulent dans le désert de la nuit du Dakota.

L'Amérique de Lumberton et Twin Peaks vit coupée du monde qui l'entoure. Le désir nostalgique que nourrit la fiction n'est pas seulement celui du pastoralisme. Il pointe dans la direction des années Eisenhower. Des *fifties*. D'une nation pénétrée du sentiment de l'exemplarité messianique des conditions de son existence culturelle et sociale. Certaine que l'idéal de vie des classes moyennes accomplissait le bonheur et la prospérité promis par le rêve américain. Or, les années cinquante « ne furent pas un temps de plus grande innocence. Les sombres saillies qui régissent l'existence aujourd'hui étaient simplement plus difficiles à trouver [James Ellroy][9]. » Antoine de

[9] James Ellroy, *Clandestins*, Paris, Rivages, 1988, p. 7 (traduction : Freddy Michalski).

Baecque, Jonathan Rosenbaum, Robin Wood ont accablé D. Lynch pour le caractère rétrograde et infantilisant des nostalgies qu'il affiche. Twin Peaks, c'est aussi cela. Le village Potemkine des années Eisenhower. Le bourg vitrine de la propagande.

« Twin Peaks est différent », rappelle le shérif Truman à l'agent Cooper. Et de cette différence, de l'ordonnance impeccable des lieux et des choses de son quotidien, la petite ville n'est pas peu fière (tout, du café au beignet, y est réputé meilleur qu'ailleurs). Bloqués dans la position d'un repli frileux, les habitants se défient davantage de l'ailleurs et du changement que des « sombres saillies » de l'ici et du présent. Le meurtre de Laura Palmer va les affecter autant pour son caractère abject et odieux que parce qu'il bouleverse les repères culturels et sociaux qui concernent leur petit monde et qu'il fragilise le symbole d'autorité et de respectabilité incarné par un notable, homme de loi et père de famille, aimé de tous : Leland Palmer (Ray Wise).

L'enquête menée par Dale Cooper substitue à l'ordre ancien un nouveau d'où découle une lisibilité morale renouvelée et plus juste. Et, paradoxalement, c'est de cette métamorphose dont on s'effraie autant que du mal maintenant reconnu. Le représentant de l'ordre (le shérif Harry Truman) et le représentant du crime (le truand Jean Renault [Michael Parks]) reprocheront à l'agent Cooper d'avoir perverti leur « petit coin de paradis » (épisodes 13 et 17, saison 2), parce qu'en mettant à jour la part d'ombre de la petite communauté (*the seamy side*), il est aussi celui par qui se néantise le rêve de jour d'un idéal de vie. Tout aurait été pour le mieux à Twin Peaks si l'agent Cooper n'était jamais venu en ville et si la vie avait tout simplement suivi son cours (la vente de beignets tout autant que le trafic de cocaïne que remplacera dans la saison 3 celui de la métamphétamine). Le bourg vit dans le déni de ce qu'est la réalité de son présent.

Resitué dans le champ de l'histoire culturelle américaine, Twin Peaks est une variante séculaire du type puritain de l'enclos protecteur (*settlement*), du petit lieu saint posté au centre d'un territoire hostile et païen. Le village est une famille élargie au sens d'être unie non par les seuls liens du sang, mais aussi par ceux de la proximité et du voisinage : le jour de la mort de l'héroïne, la totalité des habitants portent le deuil et l'on cesse le travail au lycée ainsi qu'à la scierie. Le docteur William Hayward (Warren Frost), le shérif, son adjoint Andy Brennan (Harry Goaz) et Pete Martell réunis autour du corps de Laura Palmer sur les rives du lac, c'est cette unité du bourg démolie par le chagrin que la fiction déclare. William est le médecin de famille des Palmer, le père de la meilleure amie de Laura, Donna. Quand Andy pleure, il est muet, dévasté.

Au même moment, chez les Palmer, Sarah appelle sa fille qui est en retard pour aller au lycée. Elle ne répond pas. Sa mère s'agace et monte à l'étage. Le ventilateur tourne à plein régime au-dessus de l'escalier (mais, pourquoi, donc, marche-t-il ? C'est l'hiver…). Elle entre dans la chambre à coucher (le lit est défait), puis dans la salle de bains mais ne trouve pas trace de Laura. Elle téléphone au major Briggs et à sa femme Betty (Charlotte Stewart), les parents de Bobby, le petit ami de sa fille (Dana Ashbrook). Leur fils n'est pas là. Non, ils ne savent pas où est Laura. Pourquoi n'essaierait-elle pas de joindre le coach de l'équipe de football du lycée ? Il y a entraînement le matin avant les cours. Elle pourrait parler à Bobby et se rassurer.

Mais, non, Bobby n'est pas au stade. Voici maintenant plusieurs semaines qu'il sèche les séances d'entraînement. La nouvelle de l'absence inexpliquée de l'héroïne se propage par vagues successives pour bientôt toucher l'ensemble des habitants du village. Les lignes téléphoniques et le courant électrique tissent les liens du voisinage et de la communauté. Déjà, plus tôt, ils avaient permis d'entrecroiser les destins de trois personnages : Pete, Lucy et le shérif Harry. L'inquiétude de Sarah grandit. Elle parvient à joindre son mari Leland qui a une réunion de travail avec Ben Horne à l'hôtel du Grand Nord. Il s'assoit dans un canapé du hall et prend l'appel. À l'arrière-plan, au travers d'une baie vitrée, nous voyons le shérif qui arrive à l'hôtel. Leland apprend la mort de sa fille. Il lâche le combiné. Chez elle, Sarah comprend sans voir. Nous l'entendons par l'écouteur hurler sa peine. Nous semblons être les seuls. Personne ne prend le temps de renouer le fil de la communication. Le lien créé par le réseau téléphonique s'est délité. D. Lynch termine la séquence sur une image particulièrement poignante de la solitude féminine en la figure abandonnée de Sarah Palmer pleurant, dans sa cuisine, la disparition de sa fille adorée.

3

Parce qu'elle est l'objet d'une investigation qui ne saurait lui rendre la vie, Laura Palmer cristallise tout le pathos du changement. Les flash-back qui la ramènent au présent rapportent le souvenir de ce qui a été perdu à la fatalité inéluctable de ce qui est et ne peut être défait. L'omniprésence de son portrait photographié lustre le prestige des temps passés. Quand Bobby Briggs voit un cliché de Laura posé sur une table du bureau du shérif, il craque et s'écroule en sanglots. D. Ashbrook interprète le personnage avec empathie et justesse. L'ancien petit dealer est devenu adjoint. Son cheveu noir a blanchi. Son visage est vieilli. Un chagrin d'adulte ombre les grands yeux émerveillés de l'enfant (épisode 4, saison 3). *Que de souvenirs*... Pour Bobby bien évidemment. Pour le téléspectateur de la première heure de la série également.

Vieillesse et vieillissement sont l'objet d'une attention tendre et singulière. H. D. Stanton joue son dernier grand rôle dans la saison 3 de *Twin Peaks*. Parmi les plus anciennes amies de D. Lynch, C. Coulson est intubée et souffre d'un cancer en phase terminale quand elle interprète une ultime fois le personnage de la dame à la bûche. Jerry Horne a perdu la raison, le shérif Harry Truman la santé. Physiquement, K. MacLachlan accuse lui aussi le poids des années écoulées. Mais, c'est au niveau cérébral que son personnage a le plus spectaculairement été marqué par l'effet du long temps passé dans la loge. Quand il est tiré de son exil et retourné à la réalité quotidienne de l'Amérique contemporaine, nous découvrons qu'il est manifestement devenu sénile. Il a perdu son autonomie : on doit l'habiller, le guider aux toilettes, au travail, le conduire et l'orienter dans l'espace. La mémoire également : il ne sait plus ni qui il est ni où il habite et ne connaît plus les mots pour dire les choses. Le café qu'il adorait consommer et la clé de la chambre de l'hôtel du Grand Nord qu'il retrouve dans la poche de son costume suscitent des réactions (plaisir et curiosité) qui ne parviennent pas à provoquer le souvenir de son identité. Sa femme (Janey-E [Naomi Watts]) et ses collègues lui disent qu'il est son double, Dougie Jones (K. MacLachlan) qui a été convoqué par MIKE (Al Strobel) à la chambre rouge pour être effacé. Il accepte volontiers d'en reprendre la place tout comme la belle amnésique de *Mulholland*

Drive, Camilla Rhodes (Laura Elena Harring), consent à tenir le rôle de Rita pour satisfaire aux exigences du rêve de cinéma de Diane Selwin (N. Watts). La situation est douloureuse : on ne peut pas ne pas être touché de le voir arrêté dans la contemplation de la statue du parvis de l'immeuble de bureaux où Dougie travaille. « I dont know where I am. I don't know who I am [The Soft Moon, « Being »]. »

D. Lynch refuse de céder à la stricte logique du pathos que le spectacle de la sénilité du héros aurait pu exiger. Le burlesque déborde le mélodrame et le téléspectateur rie bien davantage qu'il ne pleure. Ses facultés de prescience décuplées, Dale Cooper enchaîne les gains dans la salle des machines à sous du Silver Mustang, un casino de Las Vegas où il gagne le surnom de monsieur Jackpot. Il fait le bonheur de la vieille bonne femme qui empoche plusieurs dizaines de milliers de dollars comme, le lendemain matin, il suscite la joie et le rire de l'enfant de Dougie, Sonny Jim (Pierce Gagnon) ; plus loin, l'admiration de son patron quand il lui remet des rapports sur lesquels il a barbouillé les lignes, les points et les petits dessins qui démasquent une arnaque de 30 millions de dollars. Pareil au personnage de monsieur Hulot crée par J. Tati, Dale Cooper n'a pas sa place dans le monde moderne ; sa veste vert pomme est bien trop grande pour lui. Il apporte la magie et crée le désordre dans l'univers structuré des grandes corporations, du casino dont il provoque la faillite et le licenciement brutal du manager et de Lucky 7 Insurance, la compagnie d'assurances où il est employé quand il accuse le meilleur vendeur d'être un menteur. L'atmosphère est légère : on écoute le jazz enjoué de Dave Brubeck (*Take Five*) au petit-déjeuner. C'est sans davantage s'inquiéter que Janey-E accueille le nouveau

Dougie qui n'a pas donné de nouvelles depuis trois jours et revient impeccablement vêtu, une bonne dizaine de kilos en moins, lesté des dollars qui vont permettre au couple de régler de mystérieuses dettes. Et, pourquoi, du reste, regretter l'ancien Dougie ? Il est ventripotent, irresponsable, infidèle et dépensier. Il disparaît et oublie l'anniversaire de son fils. « Dougie, mais tu n'as vraiment honte de rien (épisodes 3 et 4, saison 3) ? » Janey-E enrichit la galerie des femmes généreuses et courageuses qu'abuse et que bafoue un mari malhonnête, veule et propre à rien : Norma (Peggy Lipton) et Hank Jennings (Chris Mulkey), Shelly (Mädchen Amick) et Leo Johnson (Eric Da Re) ou Becky (Amanda Seyfried) et Steven (Caleb Landry Jones).

Janey-E n'est cependant pas épouse à se laisser faire. Elle résiste et ne se laisse intimider par personne, et surtout pas, rare bouffée de drôlerie dans un épisode singulièrement sombre intitulé à juste titre *A Dark Age*, par les deux truands qui font chanter Dougie et avec qui elle négocie, seule, pied à pied. Comme dans le film *Dune* (1984) où les religieuses du Bene Gesserit organisent le complot qui conduit Paul Atréides (K. MacLachlan) au pouvoir, la femme est le cœur de l'ordre des choses. C'est elle qui centre le mystère. Qui est Laura Palmer dans *Twin Peaks* ? La question a longtemps obsédé le téléspectateur de la série. À l'image de Dorothy Vallens dans *Blue Velvet*, elle n'est très certainement pas que la victime ingénue du mélodrame. Elle pousse son petit ami Bobby à vendre de la drogue et se moque cruellement de lui après avoir été son initiatrice. Elle écrit dans son journal intime aimer coucher avec des femmes, parce qu'elle « sait comment les faire jouir, et que ça lui donne le sentiment du pouvoir. » Laura est contaminée par le désir malade de jouir et de posséder qui oriente le regard insane du père qui la violente.

4

Un enfant meurt accidenté. Le chauffard s'appelle Richard Horne (Eamon Farren). Il est le petit-fils de Benjamin Horne (Richard Beymer), le fils d'Audrey. C'est un être abject et arrogant. On le voit mettre au défi quiconque voudrait lui faire respecter l'interdiction de fumer appliquée au Roadhouse (« Essaye pour voir… »). Y agresser la jeune fille prénommée Charlotte interprétée par Grace Victoria Cox (« Je vais me marrer en te baisant, salope… »). Plus tard, brutaliser sa grand-mère pour lui extorquer de l'argent (« Je vais t'écraser la gueule, sale pute… »). Il a pris des produits stupéfiants. Il est furieux. Red (Balthazar Getty), le nouvel empereur du trafic de drogue à Twin Peaks, ne le prend pas au sérieux. Il l'appelle « kid. » Menace de lui ouvrir le crâne à la scie s'il ne respecte pas les règles. Au volant de son gros pick-up, Richard roule à tombeau ouvert dans les rues du centre-ville. Assis sur un banc dans un jardin public, pareil à un vieux cow-boy usé par le temps, Carl Rodd (H. D. Stanton) – le gérant du parc de mobil-homes le Fat Trout Trailer Park – a le regard perdu dans la direction de la cime des grands arbres (mais qui, donc, à part le Michelangelo Antonioni de *Blow Up* [1967], sait aussi bien filmer la poésie du mouvement des feuilles bougées par le vent ?). Il sourit. Un jeune garçon joue avec sa maman. Il y a un stop à l'intersection des deux rues. Des voitures sont à l'arrêt. Richard n'aime pas attendre. Il franchit la ligne continue, double les véhicules, ne voit pas l'enfant qui traverse, l'écrase, le tue et prend la fuite. Un innocent est mort. Les témoins, conducteurs et passants, sont figés, affligés et unis dans la peine. La musique, qui n'est ni pompeuse, ni surjouée, embrasse avec tact le drame sans le rendre spectaculaire. La maman tient son garçon mort dans les bras. Elle pleure toutes les larmes qu'elle peut. Carl s'approche pour apporter un peu de réconfort. Tôt ou tard, la police du village arrivera elle aussi ; on entend ses sirènes au loin. Une fumée orange s'échappe du petit cadavre pour rejoindre l'infini d'un beau ciel bleu (épisode 6, saison 3). « The world is wild at heart and weird on top. »

La sombre mélancolie du thème musical du générique de la série, le travail des scies circulaires, la vue récurrente de bois tourmentés par la tempête et l'incendie de la scierie Packard sont les indices du bouleversement du comté. La brutalité n'est pas que physique : elle est économique. Le village est soumis aux lois de la rentabilité et du marché. L'iconographie de la série est un produit commercialisé. Déclinée en T-shirts imprimés et mugs sérigraphiés. Nous sommes rentrés de plain-pied dans l'ère de la reproductibilité. Le restaurant où Cooper avait ses habitudes a grandi et ouvert des succursales dans la région. Les spécialités culinaires du Double R sont une marque franchisée. L'audit des comptes de la maison mère n'est pas satisfaisant. La marge y est moindre que dans les autres établissements. Le prix de la tarte n'est pas assez élevé. Les ingrédients trop coûteux. La propriétaire, Norma Jennings s'oppose aux suggestions du comptable. *Le diner existe depuis 50 ans. Nous avons toujours fonctionné ainsi. Travaillé avec des produits locaux, organiques et bio... Norma, voyons, soyez raisonnable. Il faut vivre avec son temps, rebaptiser le Double R, aller de l'avant et tourner la page* ... Elle renoue avec son amour de jeunesse, Ed Hurley le garagiste de la ville interprété par Everett McGill (épisodes 13 et 15 de la saison 3).

Le rapport de D. Lynch au mode et à l'idéal de vie des *fifties* n'est pas que celui de l'idolâtre ; il est également celui de l'iconoclaste. Les *prom queens* se prostituent pour acheter de la drogue ; les lycéens meurent d'overdose ; le capitaine de l'équipe de football est un petit dealer qui s'effondre en larmes sur le divan d'un psychanalyste. Le réalisateur filme les voies sans issue et les lieux oubliés du rêve américain, les visages défaits et les regards perdus des parias, des marginaux et des laissés-pour-compte : c'est un cinéma politique. Dans le film *Twin Peaks*, l'impasse s'appelle Deer Meadow. Le sinistre village voisin de Twin Peaks est encombré d'une morgue, d'une gargote et d'un parc de caravanes désolé et désolant. Le Fat Trout Trailer Park est un bidonville. L'enseigne branle au vent. Le géant est bourru. Une petite femme, vieille et infirme, bandeau à l'œil et canne à la main, paraît avoir échappé à l'enfer. L'univers est hostile, la lumière froide et l'hiver rigoureux. Les fils électriques qui quadrillent l'espace émettent un bourdonnement sourd et menaçant pareil à celui qu'on entend à l'instant du décès du petit garçon accidenté.

« Home. Where is home ? », demande Dale Cooper. Dorothy du *Magicien d'Oz* (Victor Fleming, 1939) lui répondrait : « Dale. There's no place like home. » Sans pareil, l'ici du foyer est un nulle part. Il est un idéal de bonheur et d'intégration qui ne saurait en aucun cas advenir, puisque sans lieu et sans présent pour l'abriter et le soutenir. D. Lynch explique que l'ouverture de *Blue Velvet* lui a été inspirée par un livre de bonne conduite autrefois distribué aux petits écoliers américains : « *Good Times on our Street* parle du bonheur, de l'environnement quotidien, du bon voisinage. Pour un petit Américain qui vient d'une famille aisée, le paradis doit ressembler à la rue où il habite. J'ai été élevé dans ce genre de cadre : des barrières de bois, de vieilles maisons. Je suis sûr que d'horribles choses se passaient derrière mais dans ma tête d'enfant tout paraissait sereinement beau[10]. » Dans la saison 3 de *Twin Peaks*, le panneau indicateur peint de Rancho Rosa représente une famille heureuse et épanouie sur le fond d'une banlieue accueillante et prospère. C'est une surface extérieure qui, peau de chagrin, ne cache pas longtemps la surface intérieure qui la double. Le devant des pavillons est net et joli, le dedans misérable et sordide. Une maison est utilisée par Dougie Jones pour y rencontrer des prostituées. Une mère isolée, alcoolique et droguée, squatte avec son petit garçon la maison d'en face.

Près d'un chemin goudronné qui borde les bois de Twin Peaks, des gamins jouent à se passer la balle. Elle roule sur la chaussée. On aperçoit le corps inanimé d'une femme allongée sur le bas-côté. Non loin de là, au Fat Trout Trailer Park, la gentille Becky enrage. Son compagnon (Steven) lui ment. Il dit aller chercher du boulot. Il la trompe. Elle prend sa voiture. Sa mère (Shelly) veut s'interposer. Elle plonge sur le capot. Becky n'obéit pas. Elle continue sa marche arrière. Shelly chute et s'écorche le genou sur le gravier. La jolie fille roule vite. Trop vite. Le démon de la route. Elle arrive à un immeuble de studios. Personne ? Elle tire plusieurs fois au revolver sur la porte du logement de sa rivale. Au Double R, des coups de feu éclatent. C'est la panique. Tout le monde plonge à terre. Quelqu'un tire depuis la rue. L'adjoint Briggs intervient. C'est un gosse. Ses parents avaient laissé traîner un flingue dans le pick-up. C'est l'anarchie. La cacophonie. Les véhicules sont à l'arrêt.

[10] Michel Ciment et Hubert Niogret, « Entretien avec David Lynch », *Positif*, octobre 1990, p.16.

Une bonne femme klaxonne. Elle est en retard pour le dîner. Une fille est assise à l'avant côté passager. Elle est blême comme la mort. Elle crache une bile épaisse et argileuse (épisode 11, saison 3), comme la gamine possédée de *L'Exorciste* (Richard Friedkin, 1973).

Chantal et Hutch sèment la mort et le chaos. Ils sont sur Lancelot à Dallas. Le ciel est bleu. Le soleil brille. L'ombre des arbres se déploie sur la chaussée. La propreté des lieux est sidérante. La géométrie harmonieuse. La perspective qui ouvre sur les collines éblouit. Le couple planque le domicile des Jones. Il est venu assassiner Cooper. Rien ne se passe comme prévu. Le FBI et la mafia sont là. Le voisin râleur également. *Vous bloquez mon allée. Va te faire foutre, connard.* Le type monte dans sa voiture, percute l'arrière du van des deux tueurs. Chantal lui tire dessus et le blesse. Il a une arme. C'est l'Amérique. Tout le monde en a une. Règlement de comptes sur Lancelot : la brutalité instinctive et sanglante de l'Ouest et de la frontière n'est jamais loin. Elle frappe aveuglément, pour des raisons bêtes et insignifiantes. Un déluge de balles s'abat sur Chantal et Hutch. Ils sont morts. Les mafieux ont tout vu et ont tout compris. « Cassons-nous de ce quartier pourri (épisode 16, saison 3). »

5

La station radio, le garage, le *diner* et la maison du village du désert du Nouveau-Mexique sont paumés dans la nuit du grand vide américain que D. Lynch filme dans un beau noir et blanc (épisode 8, saison 3). Michel Chion voit juste quand il note que le réalisateur est « un des seuls metteurs en scène chez qui l'on sente le territoire des USA tel qu'il est : quelques campements humains trop récemment implantés, éparpillés dans l'horreur d'un désert tout autant forêt luxuriante que nature vide[11]. » Buckhorn est un bourg de western planté au coeur d'un désert parsemé d'herbes folles. Twin Peaks une addition de petits îlots de lumière dispersés dans la vaste étendue d'une forêt de conifères.

La vacance de l'espace déborde les cités qui l'habitent. L'abyme leste la façade des villes et des pavillons qui l'occulte. Déséquilibré, l'univers de carton-pâte se lézarde. Le vide creuse l'intérieur de la salle à manger où les familles Hayward et Palmer sont réunies pour le dîner (épisode 1 saison 2). Il cerne la route empruntée par Mr. C et son complice Ray quand ils s'évadent d'une prison du Dakota du Sud (épisode 8, saison 3). Ou celle de Laura Palmer et de Dale Cooper quand ils retournent à Twin Peaks (épisode 18, saison 3). Les phares d'une automobile, les lumières d'une station-service éclairent la solitude de la ballade et du goudron.

Chez D. Lynch, le gouffre de l'Amérique s'entend autant qu'il se voit. Le silence dont il est l'extension est l'autre source de l'inquiétante étrangeté. Un silence qui n'est toutefois jamais parfait. Comme le souligne Jean Baudrillard, « le désert est autre chose qu'un espace qu'on aurait débarrassé de toute substance. De même que le silence n'est pas ce dont on aurait ôté tout bruit[12]. » Le son est l'amplification du désert sur fond duquel il résonne. Il faut écouter *Twin Peaks*. Écouter le murmure du secret, le souffle du vent, le ronronnement de la chaufferie et le

---

[11] Michel Chion, *David Lynch*, Paris, Les Éditions de l'étoile/Cahiers du cinéma, 2001 [1992], p. 235.

[12] Jean Baudrillard, *Amérique*, Paris, Descartes & Cie, 2000 [Grasset, 1986], p. 68.

bruissement du drone. Et prendre conscience que le silence est un bruit.

6

La mélopée dissonante et grave composée par Krzystof Penderecki en hommage aux victimes d'Hiroshima épouse le déroulé ralenti, assourdi et pesant du big bang atomique qui secoue l'erg immense et schisteux de White Sands le matin du six juillet 1945. Vu des nuages, le cataclysme dure un temps infini. Le sol tremble et moutonne. Un champignon de poussières incandescentes s'élève dans la direction du ciel. BOB, l'esprit du mal, naît dans le feu entropique de la combustion interne. Pierre-Yves Pétillon écrit qu'un scénario eschatologique a toujours tramé les fils du récit américain[13]. D. Lynch remonte aux origines du drame pour y isoler sa finalité apocalyptique. Le monde est né dans la dévastation calcinée du désert. Loin, très loin dans le néant stellaire, un démiurge bienveillant conçoit une figure christique et martyre d'expiation : Laura Palmer (épisode 8, saison 3).

Le vide encercle le périmètre de l'explosion comme il encercle le bathyscaphe qui flotte dans le cosmos au début de l'épisode 3 de la saison 3 de *Twin Peaks*. Devant l'infini étoilé du néant où dérive le major Briggs, le vaisseau paraît minuscule. Pourtant, il ouvre sur l'exfoliation de la fiction et l'océan clos du liquide amniotique. Il est la cellule utérine de la naissance au monde. L'endroit est chaud et ténébreux. Un feu ardent brûle dans l'âtre pareil à celui qui réchauffe l'enfant dans le ventre de la mère. Les flux du mouvement, de l'énergie et de la lumière ne sont pas réguliers mais saccadés. La

---

[13] Pierre-Yves Pétillon, *Histoire de la littérature américaine. Notre demi-siècle 1939-1989*, Paris, Fayard, 1992, p. VI.

terreur est primitive. Quelqu'un, quelque chose frappe lourdement contre la cloison. Il y a une femme (Nae Yuuki). Ses paupières sont closes. Celles du fœtus d'avant la période terminale de la grossesse. Elle est paniquée. C'est un âge antérieur à celui du verbe. Sa bouche esquisse les mouvements d'une parole que nous n'entendons pas. Elle entraîne Dale Cooper sur le toit de l'aéronef pour y rétablir le courant continu de l'électricité qui opère le lien entre les mondes avant de chuter et de s'anéantir dans le vide. Dans l'antichambre, une femme a pleinement évolué à l'âge adulte. Ses yeux sont ouverts. Elle parle. Attention, maman va revenir. Il est temps de partir. D'éclore et de reprendre sa place dans le récit où l'agent du FBI a sa place. D'occuper le destin usurpé momentanément par le double Dougie Jones. « Don't die », ne cède pas à l'attraction facile et vertigineuse de la mort et de l'amnésie, rappelle MIKE à Dale Cooper (épisode 6, saison 3).

I'm going to the darklands
The Jesus and Mary Chain

1
Le film *Twin Peaks* n'est ni une suite, ni une adaptation cinématographique de l'univers télévisuel inventé quelques années plus tôt par Mark Frost et D. Lynch. Il s'agit d'un prologue qui retrace, dans une première partie, le déroulement de l'enquête sur l'assassinat de Teresa Banks et, dans une seconde, les derniers moments de la vie de Laura Palmer. Œuvre sombre et exigeante, *Twin Peaks : Fire Walk with Me* déçoit le public de la série qui n'y reconnaît pas l'univers qui l'a fasciné sur le petit écran. Quand il est présenté au festival de Cannes, le film fait l'objet d'un acharnement critique des plus virulents (tout à la fois sur le plan de l'esthétique et de l'idéologie). Curieusement, en France, *Positif*, qui n'avait jamais manifesté qu'une sympathie ambivalente pour le cinéma de D. Lynch, a été une des rares revues à publier une étude véritablement pertinente du film *Twin Peaks* à l'instant de sa sortie : le remarquable « *Twin Peaks* : de l'autre côté du miroir » signé Olivier de Bruyn. Le texte écrit par le critique se distingue par la volonté de signaler les enjeux et le sérieux de la complexité narrative méticuleusement orchestrée par l'auteur. L'œuvre n'est assurément pas celle d'un imposteur mais bien celle d'un créateur soucieux tout autant du passé que du devenir de l'art et des formes auxquels il s'exerce.

Opaque, déroutant, ce polar l'est effectivement. Mais l'opacité n'est ni vaine ni gratuite. Il y a l'intention réfléchie d'exaspérer les incertitudes du sens et de la morale. De tresser en lacis les réseaux du visible et de son interprétation. Et de cerner l'aporie des flux de l'information et du signe du monde où nous nous débattons.

2

L'incipit du scénario de film noir est régulièrement placé sous les signes jumelés du désastre et de la fragmentation. Impacté par un accès de violence liminaire et soudain, l'univers s'ébranle et le chaos advient. Le film *Twin Peaks* ne dévie pas de la règle. L'ouverture est zébrée par l'explosion aussi brutale que spectaculaire d'un téléviseur en un cri : « No ! » La déflagration initiale ébranle si fortement le lieu de la fiction qu'elle fracture la géographie en trois villes et trois états : Deer Meadow dans le Montana, Portland dans l'Oregon et Fargo dans le Dakota. Les agents Desmond et Stanley ont à affronter l'illisibilité d'un monde disloqué auquel ils vont tenter de retrouver l'ordre et le sens qui font maintenant défaut.

Complot, assassinat, extorsion, corruption et arnaque à l'assurance, l'épisode 10 de la saison 3 est un sombre concentré de situations de polar. La vue paisible d'un mobile home planté dans un environnement champêtre amorce le drame. Myriam Sullivan (Sarah Jean Long) habite ici. Elle enseigne à l'école maternelle de Twin Peaks. Elle connaît forcément Richard Horne. Elle sait qu'il a renversé un petit garçon. Qu'il a tué. Qu'il a pris la fuite. Elle a dénoncé le crime à la police. Richard est furieux. Il fracasse la porte vitrée. Des coups, des cris retentissent. Myriam est laissée pour morte. Elle gît dans une flaque de sang. Elle ne cède pas. Trouve la force d'aller jusqu'au bord d'une route où elle agonise. Des gamins l'aperçoivent (épisode 11). On la conduit à l'hôpital. Dans le coma, elle est en soins intensifs. Elle n'a pas d'assurance. La situation est commune en Amérique.

Ben, le grand-père fortuné de Richard, paiera les frais d'hospitalisation. *Richard is on the run.* Richard est en cavale (épisode 12).

L'œuvre de D. Lynch est ponctuée d'instants d'une brutalité rare et souvent absurde. On rit quand la *bunny girl* blesse accidentellement Rodney Mitchum (Robert Knepper) avec la télécommande dont elle s'empare pour tuer une mouche. On rit aussi quand le tueur mandaté – c'est un nain dans la saison 3 de *Twin Peaks* – saigne deux femmes à l'aide d'une arme blanche et plante ses victimes si violemment qu'il est couvert de sang et que la lame, qui a très certainement buté sur un os, se tord. On a honte. Le spectacle des deux meurtres est graphique et obscène. À l'inverse, l'ouverture de *Twin Peaks : Fire Walk with Me* ne montre pas l'assassinat de Teresa Banks : le découpage de l'espace fait que nous ne voyons ni l'agresseur (Leland Palmer), ni la victime, ni le meurtre dont le spectacle n'est pas filmé. On est mal à l'aise. Le sexe et la mort ont toujours été les deux grands interdits du cinéma hollywoodien. Or, c'est très précisément un crime sexuel que la scène élide.

À l'égal de ce qui se passe chez un Jacques Tourneur, l'objet tabou n'est pas situé dans le champ. On ne représente pas frontalement la chose. On en suggère l'occurrence. Quand débute *En quatrième vitesse* de Robert Aldrich (1955), l'impression de violence est moins le fruit de la sauvagerie des coups portés au détective Mike Hammer que le résultat du découpage syncopé qui segmente l'espace et le récit. Quand débute *Twin Peaks*, c'est par l'effet du décadrage et de la fragmentation que s'exprime la brutalité de l'agression de Teresa Banks.

L'ébranlement des fonctions du récit désigne les désordres de la réalité.

L'exposition prolonge le temps de l'ouverture : une suite déliée d'aperçus et d'instants moins coordonnés que simplement juxtaposés. On voit le corps de Teresa emporté par le courant de la rivière (Montana), Gordon Cole qui demande à parler aux agents Desmond et Stanley (Oregon), puis un bus scolaire immobilisé sur le bas-côté d'une route de campagne (Dakota). Les enfants ont peur. Ils crient. Ils pleurent. Une équipe du FBI menotte le chauffeur et deux jeunes filles. Parmi eux, il y a Desmond et Stanley. Cole leur donne l'ordre de rallier Portland par avion pour prendre la direction d'une enquête concernant le meurtre d'une certaine Teresa Banks.

D Lynch se borne à aligner les pièces du puzzle qu'il a décidé de présenter à son spectateur sans jamais chercher à entretenir l'illusion d'une continuité spatiale, temporelle et logique. Il distribue des fragments qui ne forment pas de procès narratif clair, linéaire et orienté. L'organisation du mouvement de l'amorce resserre étroitement les limites d'un monde ceint par l'ombre et le silence de ses propres carences : *quid* des circonstances exactes de l'assassinat de Teresa Banks, de la découverte de son corps, de l'intervention du FBI, de cette victime et de son agresseur que Desmond et Stanley ne parviendront pas à démasquer (qu'on découvrira certes être Leland Palmer dans la seconde partie du film) ? *quid*, enfin, de ces ravisseurs et de cette prise d'otages dont seul le dénouement est donné à voir ?

La conversation téléphonique qu'ont Desmond et Cole récapitule et crée le lien. Les agents du FBI ont fait échouer le détournement d'un autobus scolaire aux environs de Fargo. Ils ont pour nouvelle mission d'enquêter sur le meurtre d'une jeune fille dont on a découvert le corps qui dérivait dans l'eau d'une rivière, à quelques miles de Deer Meadow, la petite ville où elle travaillait comme serveuse. Si on commence d'y voir plus clair, on communique avec difficulté. Laconique, Desmond parle doucement. Volubile, Cole hurle au téléphone. Il est appareillé des deux oreilles. Les cris des enfants et les parasites brouillent la communication. Il n'arrive pas à se faire entendre, Desmond à l'entendre. On ne s'entend pas. On ne se comprend pas. C'est la cacophonie. Plus tôt, il n'y avait pas assez de dit. Maintenant, il y a trop de dit. À trop vouloir préciser les choses, on n'est plus limpide, on s'embrouille et on embrouille. Quand les deux agents arrivent à l'aéroport de Portland, Cole les attend avec Lil (Kimberly Ann Cole). « C'est la fille de la sœur de ma mère. » Qui ? Quoi ? La fille de ? Une cousine tout simplement.

Lil est là pour transmettre à Desmond et Stanley des informations concernant l'affaire Teresa Banks. Or, ni Stanley, ni le spectateur ne maîtrisent les clés du langage codé utilisé par la parente de Cole. Le spectacle de ses gesticulations grotesques participe de l'absurde et du burlesque et ne fait pas le sens. Ce qui complique le rapport au monde n'est plus qu'il y a trop ou pas assez de dit mais que ce qui est dit est dit dans une langue *étrangère* qui n'est connue que de Cole, de Desmond et de Lil. Dans la voiture qui le conduit à l'aéroport, Desmond déchiffre le geste : les autorités locales ne seront vraisemblablement pas disposées à coopérer avec le FBI (les clins d'œil et la mine renfrognée de Lil) ; le shérif Cable de Deer Meadow (Gary Bullock) dissimule des preuves (la main dans la poche) ; il pourrait tenter d'intimider Desmond et Stanley (le poing refermé)… Seulement, s'agissant du cœur du mystère, l'agent refuse d'expliquer pourquoi Lil portait une fleur bleue à la boutonnière – pourquoi l'affaire Teresa Banks est classée fleur bleue par le FBI (« a blue-flower case ») et ce qu'est la nature d'une affaire classée fleur bleue. Ce refus (« I can't tell you about that ») et ce silence sont l'objet absent qui va guider le cheminement de l'investigation.

Le secret n'est toutefois qu'un leurre. Nous voyons bien que d'impasses en fausses pistes, l'enquête ne progresse pas. Le Hap's, où travaillait Teresa, est un lieu sombre et interlope, sale et décrépit. L'éclairage est vacillant, la clientèle amorphe et stupéfaite, la tenancière, Irene (Sandra Kinder) une femme entre deux âges, blasée d'avoir trop vécu. Teresa aimait la cocaïne. Son bras s'était engourdi. Mauvais coup ? Simple faux mouvement ? Irene ne sait pas et ne s'en est très certainement jamais préoccupée. Elle et ses habitués ne rechignent pas à parler. Ils ne taisent rien parce qu'ils n'ont rien à révéler, personne à trahir. Les enquêteurs font fausse route. Mystérieux, le restaurant ne cesse certes jamais de le paraître. Mais, il ne l'est pas au sens où quelque chose s'y cacherait mais au sens où rien ne s'y cache. Hegel le souligne, les réalités les plus transparentes sont aussi les plus troubles. Pourquoi Irene et ses clients ont-ils le comportement ostensible de celui qui n'a rien à taire s'ils n'ont rien à dissimuler (rien à se reprocher) ? Desmond n'est pas dupe et s'en amuse quand il voit Stanley consigner scrupuleusement le témoignage de la tenancière. Citation affectueuse d'un gag des *Vacances de Monsieur Hulot* de J. Tati (1953), il demande l'heure à son collègue qui renverse une tasse de café brûlant sur son pantalon. L'effet comique désamorce le sérieux de l'épisode.

Quand, plus tard, les agents interrogent le manager du Fat Trout Trailer Park, Carl Rodd affiche le comportement stéréotypé de l'acteur maladroit d'un mauvais polar. Il a le regard inquiet, le ton faussement enjoué et la dénégation spontanée du coupable désigné. Le silence est pesant, le bourdonnement de l'électricité oppressant. Carl semble cacher quelque chose. Est-ce la petite infirme qui apparaît et disparaît emportée par le souffle du vent ? Desmond et Stanley inspectent la caravane de Teresa. Scrutent son portrait photographié. L'enquête reste au point mort.

Car l'horreur n'est pas à chercher. Elle est là, sous nos yeux. C'est le spectacle triste et étrange d'existences dévastées par la misère et l'ennui. D. Lynch filme l'envers du rêve américain comme, en son temps, W. Evans le photographiait. Avec humanisme et dignité. *Louons maintenant les grands hommes*. Dans son livre consacré à la série *Twin Peaks*, Axel Cadieux a raison de citer Jean Renoir et *Le Fleuve* (1951) : « Personne n'est laid. Il suffit de bien regarder[14]. » Il y a dans l'axiome un principe éthique qu'on retrouve dans les clichés de Diane Arbus. Le manager du Fat Trout Trail Park interpelle un des locataires. Il s'appelle Kriscol (Bill O'Dell). Rend service à ses voisins. Change les bouteilles de propane et tond le gazon. Carl lui donne 50 dollars. *Non, tu ne payes pas le loyer du mois. Viens me voir. Tu as assez donné ton sang. Fini maintenant de le vendre pour manger* et de courber l'échine face aux vampires (épisode 12, saison 3). Carl Rodd n'a que le profil du suspect idéal. L'homme est

[14] Axel Cadieux, *Voyages à Twin Peaks*, Nantes, Capricci, 2017, p. 73.

pauvre et magnifique. Il désire simplement demeurer avec les *mavericks* et les déchus d'un pays où l'échec est anathème. *Rester là où il est.*

Le récit connaît une accélération fulgurante de son mouvement elliptique. Le petit monde se disloque, le rêve et la réalité s'équivoquent et les questions sans réponses s'accumulent : où Chet Desmond s'est-il évanoui après être retourné seul au Fat Trout Trailer Park et avoir retrouvé la chevalière de Teresa Banks ? qui est l'agent du FBI Phillip Jeffries (David Bowie) ? pourquoi Cooper fait-il le rêve que Jeffries dont on est sans nouvelles depuis deux ans revient au quartier général de l'agence de Philadelphie ? quelle est la conspiration qui réunit BOB, les Tremond (Frances Bay et Jonathan J. Lepell) et l'Homme venu d'ailleurs (Michael J. Anderson) à l'étage d'un magasin général ? et dont les clés fournies sont l'électricité et le formica, le « Garmonbozia » et la bague de Teresa ? pourquoi quelqu'un a-t-il barbouillé au rouge à lèvres « Let's rock ! » sur le pare-brise de la voiture abandonnée de Desmond ?

« Fail we may, sail we must [Andrew Weatherall]. » Le regard bute contre le mur infrangible, cryptique et lacunaire de l'apparence. Les dimensions du mystère s'agrandissent, l'investigation se disperse et les plis du récit s'élargissent. L'instant devrait être prégnant. Seulement rien n'advient. L'épisode invite à inventer l'histoire qu'il esquisse. Une nouvelle fois, on est contraint d'évoquer l'art d'E. Hopper. Le peintre solidifie le mouvement et l'œil est réduit à imaginer le règlement de comptes ou le braquage qui va se produire (*Tôt un dimanche matin*). L'effraction qui va avoir lieu (*Chambres pour touristes* [1945]). E. Hopper « fait oublier le récit pour mieux sceller l'énigme d'un manque », écrit Alain Bonfand dans *Le Cinéma saturé*[15]. Le film *Twin* Peaks creuse des lacunes de proportions monstrueuses qui bornent des lieux d'une banalité absolue : le Hap's, le Fat Trout Trailer Park, l'étage d'un magasin général. Et détoure les chambres de résonance où s'amplifient le mystère, l'angoisse et l'obsession des scénarii de film noir pour les réduire à la taille essentielle de la vignette imprimée sur la surface blanche et vide d'une page vierge.

3

Comme l'indique un sous-titre, le second et dernier mouvement du film *Twin Peaks* démarre un an après la disparition de l'agent Chet Desmond à Deer Meadow. Au récit de l'investigation avortée d'une affaire « fleur bleue » succède la sombre chronique des derniers jours d'une victime du même assassin. Centrée autour de Laura et Leland Palmer, l'œuvre reconstitue la chronologie d'un crime dont on sait fort bien qu'il ne peut pas ne pas avoir lieu. Pivot de la première partie du film, l'enquêteur, à présent campé par l'agent Cooper, a déserté le devant de la scène. Il est le grand absent d'une fiction où il apparaît néanmoins à trois moments clés. Il est le détective médium qui pressent qu'une jeune cocaïnomane est en danger de mort sur le sol américain, le protagoniste d'un rêve de nuit qui tente de dissuader Laura d'accepter la bague qui la condamne, enfin le témoin ému de la rédemption post-mortem de l'héroïne. C'est que le policier n'a plus ici de rôle à jouer, de mystère à résoudre et d'innocent à sauver. Laura n'est pas que seule. Elle est également condamnée à vivre le destin funeste que lui

---

[15] Alain Bonfand, *Le Cinéma saturé, essai sur les relations de la peinture et des images en mouvement*, Vrin, 2011 [P.U.F., 2007], p. 37.

prescrit l'hypertexte de la série télévisée qui précède le film.

L'œil reconnaît le plan figé de l'orée du comté, l'oreille le thème original de la série télévisée. Nous voici de retour à Twin Peaks. D. Lynch filme le quotidien de Laura, sa double vie et ses deux visages : la *prom queen* épanouie et rayonnante photographiée au bal de fin d'année et l'ado solitaire et paumée qui tape discrètement de la cocaïne dans les toilettes du lycée. Nous retrouvons ses deux petits amis, Bobby, l'insoumis et le rebelle qui vend de la drogue, James, le biker vertueux qui fait bâiller d'ennui la jeune fille. Les deux garçons sont instantanément perçus pour être une figuration de la contradiction aspectuelle qui définit le personnage de l'héroïne. La maman et la putain. La sainte et la dévoyée. La magnifique et la maléfique.

Tout comme Dorothy Vallens dans *Blue Velvet*, Laura Palmer obéit aux pressions contraires de la structure patriarcale du village. Son personnage est ainsi fait qu'il en dénonce la profonde incohérence et le caractère bicéphale. La nuit, le père voudrait qu'elle soit la petite pute accro au sexe et à la drogue, le jour, la jeune fille modèle et dévouée qui livre bénévolement des repas à domicile. Ces portraits de femme sont stéréotypés et irréconciliables. Les sphères du public et du privé sont divorcées, fracturées. Leland Palmer est le notable respecté de sa communauté. Il est aussi le monstre qui viole sa fille après avoir drogué sa femme. Pourtant, ce n'est pas un masque qu'on fait tomber mais deux apparences d'une même réalité qu'on superpose. L'une ne fait que biffer l'autre. L'invariant de ces manifestations paradoxales (Leland le bon père, Leland le violeur, Laura la reine de promo, Laura la droguée) est leur statut ontologique : elles sont les variations idéologiques d'un être unique.

Dans le salon de la maison des Hayward, Laura et Donna (Moira Kelly) discutent de l'amour. Laura moque gentiment le sentimentalisme de son amie (« Il n'y a que le violon qui manque ! ») avant de dessiner le tracé bouleversant d'une dégringolade entropique (« ...chuter dans l'espace, plus vite, plus vite et pendant longtemps ne rien sentir, enfin prendre feu, pour toujours ; les anges ont disparu – ils n'y feront rien... »). L'héroïne force le trait de sa prémonition : au contraire de ce qu'elle anticipe, elle rencontrera un ange salvateur et gardien dans l'au-delà de la chambre rouge. Toutefois, le thème musical entendu à ce moment du film est également celui entendu à son terme. Mélodramatique, l'instant marque bien le mouvement fataliste d'une narration tout entière orientée dans la direction d'une issue tragique. L'angoisse grandit alors instantanément : de retour à sa maison, Laura découvre que des pages de son journal intime ont été arrachées. Prise de panique, elle se rend précipitamment chez son ami Harold Smith pour lui confier le journal. Elle dit être régulièrement violée par un certain BOB.

Le lendemain soir, à l'instant de passer à table, Laura et son père ont une violente altercation. Leland reproche à sa fille d'avoir les ongles sales, les mains dégoûtantes (en anglais dans le film, *filthy* qui dit tout aussi bien l'immonde que l'obscène). Quand il lui pince la joue, Sarah Palmer s'interpose, demande à son mari de cesser, tente de lui faire entendre que sa fille déteste qu'on lui fasse mal. Leland lui répond sèchement qu'elle ne sait rien de ce qu'aime sa fille. « L'immoralité », a pu expliquer D. Lynch, « ce sont les films qui glorifient la négativité, il y en a beaucoup. L'un d'eux était *Saturday Night Fever* (*La Fièvre du samedi soir* de John Badham [1977]). La scène familiale qui se déroule à table est l'une des choses les plus horribles que j'aie jamais vues[16]. » Chez le réalisateur, la famille dîne rarement en paix. Dans *Eraserhead*, Madame X (Jeanne Bates), la mère de Mary (C. Stewart, future Betty Briggs dans *Twin Peaks*), est hystérique, menaçante. Elle veut savoir si son futur gendre, Henry (J. Nance), entretient une relation sexuelle avec sa fille. Dans la série *Twin Peaks*, le major Briggs punit d'une gifle l'attitude désinvolte et arrogante de Bobby qui allume une cigarette quand la famille dit les bénédicités. Dans le film *Twin Peaks*, la dispute se situe sur le fond assurément plus abject de l'inceste : furieux de voir Laura porter le médaillon en forme de cœur que lui a offert James, Leland, jaloux de savoir sa fille amoureuse, la dévalorise pareille à une vulgaire petite putain.

Comme dans *Blue Velvet* (Dorothy, Frank et Jeffrey, Jeffrey, Sandy et Dorothy), le chiffre trois est la clé du système des liens d'affection et de sexualité décrits par le récit du film *Twin Peaks*. D. Lynch décline et multiplie les formes et les combinaisons triadiques : le triolisme (Teresa, Laura et Leland) et la trinité (l'ange, Laura et l'agent Dale Cooper), le triangle (Sarah, Laura et Leland Palmer, Laura, Donna et son amour virtuel et secret James…) et le trièdre (Leland à l'angle gauche, James à l'angle central, Bobby à l'angle droit de la figure dessinée par les trois demi-droites parties du point nodal qui en est le sommet : Laura)… Cette triangulation de la carte du tendre se manifeste à l'apex de son potentiel dramatique à l'instant du film où la figure inquiétante de Leland se mêle

[16] Christian Fevret, « David Lynch », *Les Inrockuptibles*, n° 25, septembre-octobre 1990, p. 15.

à la dispute qu'ont James et sa fille devant le jardin de la maison familiale. Le jeune homme est venu reprocher à Laura son inconstance et ses addictions ; il s'agit d'un simple conflit d'amoureux. Seulement, pour celui qui, depuis l'entrée, observe, envieux et inquiet, les deux adolescents se chamailler, l'héroïne trahit, croit-il, l'ignoble secret de sa déviance incestueuse.

Situation dramatique et spatiale équivalente se retrouve dans le film *L'Ombre d'un doute* d'A. Hitchcock (1943). Oncle Charlie y est le « merry-widow killer », un tueur en série parti trouver refuge auprès de sa famille qui habite la petite ville de Santa Rosa en Californie (Rosa comme le Rancho Rosa de la saison 3 de *Twin Peaks*). À son grand dam, la nièce, qu'il adore, ne tarde pas à s'enamourer de l'agent fédéral lancé à ses trousses. Un soir, l'agent vient prévenir son flirt de ce que l'innocence de son parent a été avérée. Les deux amoureux se promènent et se retrouvent à bavarder devant la maison des parents de la jeune fille. Il est alors temps d'ouvrir son cœur et de se dire adieu. Cependant, tout comme Leland surveille Laura et James depuis l'entrée de sa maison, Oncle Charlie espionne le couple qu'il soupçonne de comploter contre lui depuis le porche du pavillon. Si les amoureux jouent le jeu de la comédie sentimentale, le meurtrier joue celui du film noir ; à ses yeux, il ne surprend pas les tendres adieux d'un couple épris mais les signes d'une manigance concertée destinée à le piéger (chez D. Lynch, c'est une dispute qui n'est toutefois qu'une autre possibilité de l'expression mélodramatique du sentiment amoureux). La décision du meurtrier de *L'Ombre d'un doute* est alors identique à celle du meurtrier du film *Twin Peaks* : éliminer celle qu'il considère être un témoin embarrassant. La scène s'entend doublement. Le temps des rites amoureux est aussi le temps prégnant de la fiction où le criminel se résout à passer à l'acte : le changement de perspective causé par l'intrusion de l'assassin dans l'univers de la banalité adolescente du flirt produit l'effet d'une anamorphose qui fait retrouver à la scène son aspect essentiel et premier d'être une scène de thriller.

Le soir même, Leland viole une dernière fois sa fille. Il a de nouveau drogué Sarah. Alors que le père abuse son enfant à l'étage, la mère est impuissante et stupéfaite dans le salon du rez-de-chaussée de la maison. Sous l'emprise du produit barbiturique, elle délire et fait un rêve de jour où apparaît le spectre de Troy, le cheval blanc offert à Laura à l'occasion de son douzième anniversaire (l'âge auquel la jeune fille a commencé d'être la victime d'abus sexuels répétés). Le jour d'après, Laura fait le choix du refus de se plier aux exigences schizoïdes du cruel scénario d'oppression réglé par la volonté de son père : elle *répudie* le géniteur incestueux et lui demande de ne plus l'approcher. L'acte, émancipatoire, force l'avènement de son assassinat. Le mouvement accéléré des aiguilles d'une horloge accrochée au mur d'une salle de cours de son lycée précipite le cours d'une journée maintenant inflexiblement tournée dans le sens d'un dénouement brutal et sinistre. Pour celui qui connaît la série *Twin Peaks*, l'impression de déjà-vu conforte le sentiment mélodramatique de l'inévitabilité de l'accomplissement d'une destinée programmée : ainsi faite qu'elle isole le vide laissé par Laura Palmer l'instant d'après la sortie des cours, une vue de son bureau inoccupé redouble en la répétant une inscription visuelle de l'absence et de la disparition déjà utilisée dans le pilote de la série télévisée.

Implacable, le récit continue de creuser le chemin de la fin tragique promise à l'héroïne. Du tableau ridiculement kitsch qui décore le mur de sa chambre, l'ange s'est inexplicablement évanoui. Quelques lignes de cocaïne offertes par Bobby, et c'est un dernier rendez-vous avec James. Il l'embrasse, la laisse indifférente, puis, à l'angle de Sparkswood et de la 21ème, Laura s'enfuit dans les bois. Perdue dans la vie et dans son cœur, elle crie : « Je t'aime, James Hurley ! » Elle retrouve Ronette Pulaski (Phoebe Augustine), Leo Johnson et Jacques Renault (Walter Olkewicz) à son cabanon. Leland les a suivis. Il tabasse Jacques. Leo s'enfuit dans sa Corvette. Leland enlève les deux filles. Possédé, il les entraîne jusqu'au cimetière des trains. Il s'enferme avec elles dans un wagon. Phillip Gerard/MIKE, le manchot, est à ses trousses. Laura voit BOB se refléter dans un miroir. Leland brandit les pages de son journal. Aidé par un ange, le manchot parvient à sauver Ronette. Laura passe à un doigt la bague de Teresa. Leland la tue avec une pierre, lui arrache son collier, l'enveloppe dans du plastique et se débarrasse du corps dans les eaux noires et glacées de la rivière Columbia.

D. Lynch s'est expliqué des raisons qui l'avaient poussé à revenir à Twin Peaks filmer les derniers jours de la vie de Laura Palmer : « À la fin de la série, je me suis senti triste. Je n'arrivais pas à quitter le monde de *Twin Peaks*. J'étais tombé amoureux du personnage de Laura Palmer et de ses contradictions [...] Je voulais la voir vivre, bouger, parler. J'aimais ce monde et je n'en avais pas fini avec lui. Pourtant faire le film ne signifiait pas seulement s'y installer : je pensais qu'on pouvait en faire autre chose [Rodley, *David Lynch*, 139]. » L'aventure n'était pas sans comporter certains risques. Le risque que l'œuvre soit perçue pour être une exploitation malhonnête et inutilement redondante du petit monde de la série télévisée était prévisible. Le risque de décevoir une large part de son public d'admirateurs enthousiastes était lui inévitable. Que Laura Palmer, la figure centrale de l'univers de la série, ait été une absence fantomatique dont on pouvait librement imaginer la présence était la raison essentielle de ce qu'une magie et une fascination opéraient. En lui donnant corps et vie à l'écran, D. Lynch annulait l'impossibilité qui perpétuait le cycle du plaisir en barrant l'assouvissement du désir : la déception du téléspectateur était le désenchantement de ce que pour avoir été comblé, un désir est finalement mort. Voici probablement pourquoi les critiques idéalement placés pour juger l'œuvre au moment de sa sortie étaient aussi ceux qui n'avaient jamais vu la série télévisée. Évaluer avec justesse le film *Twin Peaks* nécessite de ne pas le voir comme le simple épiphénomène d'une série culte mais également comme une œuvre à part entière, discrète et autonome. Alors, le film paraîtra tel qu'il se donne à être vu : une œuvre riche et radicale aux couleurs d'hiver tristes et froides qui confirme le génie qu'a D. Lynch à s'approprier et renouveler le cinéma de genre hollywoodien.

Ici est ailleurs

1

La scène se déroule un matin de février dans les locaux du quartier général du FBI de Philadelphie. Dale Cooper a rendez-vous avec Gordon Cole. Il est troublé. Certain que le scénario du rêve étrange qu'il a fait la nuit dernière anticipe celui des événements qui vont avoir lieu dans l'immeuble fédéral. Debout dans le couloir, il fixe une caméra de surveillance, puis contrôle le retour image du moniteur. Il est ici *et* à l'écran. La porte de l'ascenseur s'ouvre. L'agent Phillip Jeffries en sort. Il rejoint Cole et Cooper. Il raconte avoir été le témoin d'une réunion secrète. Avoir la preuve qu'un complot impliquerait BOB, les Tremond et l'Homme venu d'ailleurs. Le monde s'affole. C'est le chaos. Il disparaît mystérieusement. Albert Rosenfeld contacte la sécurité. Les agents sont sûrs. Ils n'ont pas vu Jeffries passer les portes de l'immeuble. Cole et Cooper n'en démordent pas. Ils n'ont pas rêvé. Ils visionnent l'enregistrement vidéo. L'œil de la caméra contredit ce qu'a vu l'œil de l'homme : on voit l'agent qui descend et remonte le couloir (*Twin Peaks : Fire Walk with Me*). On ne sait pas si la fiction acte le caractère prémonitoire du rêve, ou s'il agit d'un simple cauchemar.

D'après Tzvetan Todorov, le fantastique dure le temps de cette incertitude[17]. Le double démoniaque de Cooper, Mr. C, est toujours vêtu de noir. Noir comme la nuit où il règne en roi et dont on sait justement qu'elle a toujours été l'instant crucial du récit fantastique. Celui où la réalité gagne en opacité ce qu'elle perd en clarté. Où l'objet le plus banal s'investit de la faculté d'effrayer : les feux de

---

[17] Tzvetan Todorov, *Introduction à la littérature fantastique*, Paris, Seuil 1976 [1970], p. 29.

signalisation ballottés par le vent sont l'indice sinistre que BOB va frapper.

Twin Peaks inscrit la banalité du quotidien en creux d'une réalité qui emprunte les chemins de l'occulte. Les lieux du Nevada prennent les noms de la légende médiévale : Merlin, Lancelot et Guenievre. BOB est tapi derrière un lit, un canapé de salle à manger. Le Géant (Carel Struycken) *aka* The Fireman *aka* !!!!!!! apparaît sur la scène du bar à concerts. MIKE sur le devant de la cheminée du salon de la maison des Jones. Albert Rosenfeld frappe à la porte de la chambre de Gordon Cole. Il ouvre. C'est Laura. Elle est jeune. Le plan est volé au film *Twin Peaks*. L'illusion éclate. La vision continue pourtant de hanter la pièce (épisode 10, saison 3).

À la superette de Twin Peaks, Sarah Palmer est venue acheter du jus de tomate et de la vodka. Elle est désespérée, boit des cocktails bloody mary à longueur de journée. Elle tente de se raisonner. *N'écoute pas les voix qui aliènent*. Mais elle perd le contrôle. Les marques de la dinde et du bœuf séchés ont changé. Elle sait que des hommes arrivent, que plus rien ne tourne rond. Les employés prennent peur. Ils appellent le bureau du shérif. L'adjoint Hawk se rend à son domicile. Le mouvement bruyant des pales du ventilateur inquiète. Les couleurs sont maudites et sombres comme une veille de Toussaint. Le policier entend du bruit dans la maison. « Il y a quelqu'un chez toi, Sarah ? Non, quelque chose dans la cuisine (épisode 12, saison 3). »

Tout se mêle et rien n'est sûr. Sarah fait un rêve de jour. Un inconnu déterre le collier de sa fille assassinée. L'instant d'après, nous voyons le docteur Jacoby qui tient le bijou dans ses mains (épisode 1, saison 1). Dale Cooper fait un rêve de nuit. BOB l'avertit : « Tu penses peut-être que je suis devenu fou, mais je te promets que je tuerai encore (épisode 3, saison 1). » Le récit avérera là encore le contenu de la vision : BOB tuera Maddy Ferguson (S. Lee), la cousine de Laura. Alors quand Sarah dit à Cooper avoir vu BOB ? L'événement a-t-il eu lieu ? S'agit-il d'une hallucination ? D'une prémonition (épisode 5, saison 1) ? Et, plus généralement, qu'en est-il des créatures de la loge ? Sont-elles le produit du délire ? Comme le dit Rosenfeld, rien ne prouve que BOB existe bel et bien. Il est cependant certain que le réel est impacté par chacune de ses manifestations.

L'équivocation affecte également le monde du son. Cooper et le shérif Truman sont dans les bois. On entend la chanson « Into the Night » de Julee Cruise (1989). L'agent du FBI également : « there's music in the air. » Illusion ou vérité ? Il est difficile de se fier à ce qu'un personnage de *Twin Peaks* dit percevoir. De la musique enregistrée en pleine forêt ? Ce n'est pas très vraisemblable. Pourtant, c'est le cas. Elle provient de la cabane de Jacques Renault où un vieux gramophone joue en boucle le morceau (épisode 6, saison 1). Plus tôt dans la saison, Audrey Horne écoute à plein volume un des thèmes musicaux de la série. Furieux, Benjamin, son père, entre dans la pièce et lui demande de couper le son. Audrey obéit. La musique s'arrête. Elle redémarre quelques moments plus tard. La jeune fille recommence à danser. Pourtant, fait étrange, l'appareil stéréo est toujours éteint. Ce n'est plus la retransmission électrique d'un enregistrement qui berce le mouvement mais le rythme d'une musique intérieure que perçoit l'esprit et non l'oreille (épisode 2).

2

Les mondes communiquent. Le circuit du courant électrique est le pont jeté entre la loge où Cooper est retenu prisonnier et le pavillon de Rancho Rosa où Dougie reçoit des prostituées. Mr. C et Ray Monroe (George Griffith) quittent l'autoroute pour prendre une voie secondaire. Ils roulent de nuit à travers la brousse. Les deux bandits arrivent à une clairière. Le bout de la route. Le bout du monde. Au-delà, ce n'est plus l'ici mais l'ailleurs. Une fusillade éclate. Mr. C est mort. Les hommes des bois se déplacent dans l'ombre. Ce sont des esprits malfaisants. Ils pratiquent l'art ancien du shamanisme. Ils ressuscitent Mr. C. Le récit déraille. Les fantômes se mêlent au polar (épisode 8, saison 3).

La frontière règle l'évolution du drame. Le casino, saloon et bordel, le One-Eyed Jack, est implanté au Canada d'où est importée la drogue revendue à Twin Peaks. Ray Monroe atterrit dans une prison pour être allé d'un état à l'autre en transportant des armes. Le FBI est en charge de l'investigation du meurtre de Laura Palmer car l'assassinat a eu lieu à l'extérieur du comté. L'agent Cooper est démis de ses fonctions d'enquêteur parce qu'il traverse la frontière américaine pour sauver Audrey Horne. Et c'est parce qu'il passe le rideau rouge de Glastonbury Grove que Cooper, comme avant lui Leland Palmer, revient des mondes parallèles de White Lodge et Black Lodge, l'esprit possédé par BOB et qu'il sombre dans la démence.

Twin Peaks, dit D. Lynch, a toujours été « un endroit entouré de forêts. » Car « aussi loin qu'on remonte dans le passé, les forêts ont toujours été des lieux mystérieux [Rodley, David Lynch, 123]. » À en lire François Brunet, la croyance s'appuie sur le sentiment du « merveilleux naturel » associé aux paysages forestiers de l'Ouest américain depuis la seconde moitié du dix-neuvième siècle[18]. Décliné sur un mode onirique et poétique dans la séquence aux séquoias du film *Sueurs froides*, le thème prend la forme d'un déplacement temporel de plusieurs siècles qui ne dure que le temps nécessaire à la caméra pour parcourir la distance séparant de son cœur la circonférence extérieure d'un séquoia de l'espèce des *semperviva* (toujours verts, toujours vivants).

« Ma bûche a quelque chose à vous dire. » Les bois ne sont pas que l'endroit où se passent deals et orgies. Là où Leo Johnson débauche les lycéennes, fourgue de la drogue et accepte d'incendier la scierie Packard. Ils sont aussi le théâtre de l'assassinat de Laura Palmer. L'antre des esprits de la loge. Le lieu de l'enlèvement du major Briggs par des extra-terrestres (épisode 10, saison 2), du Jack Rabbit's Palace. « A make-believe world where we made up stories. » *Un monde imaginaire où moi et papa inventions des histoires* (Bobby Briggs, épisode 9, saison 3). Une barrière et un lieu de passage vers l'au-delà.

3

« Nous sommes comme le rêveur qui rêve et ensuite vit à l'intérieur du rêve. » Monica Bellucci est assise avec Gordon Cole à la terrasse d'un café à Paris. Quand l'actrice lui demande, il se retourne et se voit plus jeune d'une vingtaine d'années écouter Cooper faire le récit de l'apparition de Jeffries (épisode 14, saison 3).

---

[18] François Brunet, « *The Sequoia Files :* l'arbre merveilleux », dans *Explorations et frontières aux Etats-Unis*, *Cahiers Charles V*, n° 25, 1998, p. 91.

La jolie sœur de Norma Jennings, Annie Blackburne (Heather Graham) apparaît sur le lit de Laura Palmer. Elle est couverte de sang. Elle dit à Laura : « Le gentil Dale est dans la loge. Écris-le dans ton journal (*Twin Peaks : Fire Walk with Me*). » D. Lynch le dit. Il sait que l'héroïne l'a noté quelque part. « Si *Twin Peaks* avait continué, peut-être que quelqu'un aurait découvert ce passage [Rodley, *David Lynch*, 139-140]. » Le vœu du réalisateur a été exaucé. La fiction a repris son cours. L'adjoint Hawk retrouve des pages arrachées au journal de Laura dans les locaux de la police de Twin Peaks. Elle a écrit : « Ce qui suit m'est venu en rêve la nuit dernière. Je m'appelle Annie. J'étais avec Dale et Laura. Moi ??!!! Le bon Dale est dans la loge et il ne peut pas sortir (épisodes 6 et 7, saison 3). » Le cauchemar a lieu *avant* l'arrivée de Cooper à Twin Peaks.

Betty Briggs reçoit la visite de Hawk, du shérif Frank Truman (Robert Forster) et de son fils Bobby. Il y a une vingtaine d'années, avant de disparaître, son époux, le major Briggs, l'avait prévenue. Les trois policiers viendraient lui poser des questions sur l'agent Cooper. Lui comme Laura ont vu ce qui allait advenir. Betty devrait leur remettre un message contenu dans un tube métallique qu'elle a prudemment caché dans le compartiment secret logé dans le cadre du fauteuil de son mari. C'est un plan accompagné d'une série codée de chiffres et de lettres où le nom de Cooper apparaît à deux reprises. Hawk comprend alors qu'il n'y a pas un mais deux anciens agents du FBI : Mr. C et le nouveau Dougie Jones (épisode 9).

On traverse l'espace comme on traverse le temps. Les coupes se télescopent et s'équivalent : le rêve *qua* la réalité, la réalité *qua* le rêve. Au début d'*À la recherche du temps perdu*, Marcel s'éveille au milieu de la nuit. Il est perdu. Il hésite. Il est « au seuil des temps et des formes. » Il ne reconnaît pas le lieu où il s'est endormi. Les murs se déplacent. Il revoit les différentes chambres qu'il a habitées dans sa vie et se demande où *et* quand il est[19]. Amos Vogel écrit : « L'écroulement des vieux concepts de temps et d'espace a trouvé son équivalent dans la discontinuité et les ambiguïtés spatio-temporelles de Joyce, Proust et de Robbe-Grillet, mais bien plus encore dans les productions du cinéma moderne. Il est le seul mode d'expression susceptible de traduire le continuum espace-temps d'Einstein[20]. »

Moderne, subversif, le cinéma de D. Lynch l'est parce qu'il s'appuie sur une révolution épistémologique de l'univers physique prouvée par la théorie de la relativité. Tout comme Fred Madison dans *Lost Highway*, un homme des bois s'évade d'une cellule sans en fracturer la porte ou en casser les barreaux. Il s'évanouit dans une autre dimension (épisode 2, saison 3). Inexplicable ? Non. Car Jorge Luis Borges l'a montré dans « Un résumé des théories d'Einstein », pareille disparition n'a rien d'impossible quand elle se produit dans un espace à quatre dimensions. « Si un point qui se déplace engendre une ligne, une ligne qui se déplace engendre une surface et si une surface qui se déplace engendre un volume », il devient logique d'imaginer qu'un volume qui se déplace engendre à son tour un être à quatre dimensions. Et, si « grâce à la troisième dimension, la dimension de hauteur,

---

[19] Marcel Proust, *À la recherche du temps perdu* (t. 1), Paris, Gallimard, 1919, p. 11-18.

[20] Amos Vogel, *Le Cinéma, art subversif*, Nantes, Capricci, 2016 [Random House, 1974], p.83 (traduction : Dagmar Frégnac).

un point emprisonné dans un cercle peut fuir sans toucher la circonférence, grâce à la quatrième dimension, la dimension du temps, un homme emprisonné dans un cachot pourrait sortir sans avoir à traverser le plafond, le sol ou les murs[21]. » Mr. C l'a compris : il ne recherche pas un lieu, mais un événement, un point localisé dans l'espace et dans le temps.

4

Twin Peaks est un monde où on s'épie et où on se traque. Le shérif Harry Truman et l'agent Cooper planquent le Roadhouse et surprennent Josie Packard qui photographie Benjamin Horne et Catherine Martell à la sortie d'un motel. Le docteur Jacoby file James Hurley et Donna Hayward qui roulent dans les bois. Audrey Horne espionne les conversations de son père depuis un couloir secret de l'hôtel du Grand Nord. Albert Rosenfeld pirate le téléphone portable de l'ancienne secrétaire de Cooper (Diane [Laura Dern]). Leo Johnson flique jalousement sa femme.

Les jeux du regard sont un élément fascinant du drame. Maddy Ferguson, Donna Hayward et James Hurley sont persuadés que le docteur Jacoby a assassiné Laura Palmer. Ils décident de fouiller son appartement pour mettre la main sur la preuve de son implication. Jacoby reçoit un enregistrement vidéo où Maddy joue le rôle de Laura. Elle lui dit de venir la retrouver à Easter Park. Le psy est incrédule. Tout le monde sait que Laura est morte. Mais, il est curieux. Fou amoureux. Le piège a marché. Il part de chez lui retrouver un fantôme. Postés au lieu du rendez-

---

[21] Jorge Luis Borges, « Un résumé des théories d'Einstein » dans *Œuvres complètes* (t. 1), Paris, Gallimard, 1993, p. 1182 (traduction : Françoise Rosset et Jean-Pierre Bernès).

vous, Maddy, Donna et James ne savent pas que Bobby Briggs les surveille. Pas davantage qu'ils ne savent qu'un autre homme est tapi dans l'obscurité. Il est à l'affût. Le téléspectateur l'entend respirer, voit ce qu'il convoite. C'est, nous l'apprendrons plus tard, Leland Palmer. Éclairée par la lumière du point téléphone, Maddy patiente. Elle est seule. Ses amis sont déjà loin. Bobby les suit discrètement. Ils entrent chez Jacoby. Il dissimule un sachet de cocaïne dans le réservoir de la moto de James. Recule dans l'obscurité et les voit repartir. Il vise à distance le couple de sa main droite. Le regard flingue. À Easter Park, Leland continue de scruter Maddy depuis les bois. Plutôt que d'aller directement rencontrer la jeune fille, Jacoby part se cacher derrière un fourré situé en contrebas de l'endroit où se cache le père de Laura. Les perspectives se superposent et s'enchevêtrent. On voit Jacoby regarder Maddy. Leland regarder Jacoby qui regarde Maddy. La tension est à son paroxysme. La menace se précise. La peur se fait plus forte. Leland s'approche de Jacoby, lui assène plusieurs coups violents avant de le laisser pour mort (épisode 7, saison 1).

L'œil, écrit M. Ciment, est la clé du cinéma de Stanley Kubrick[22]. Il est aussi une des clés du cinéma de D. Lynch. L'œil, c'est-à-dire le regard et les objets du dédoublement. Mr. C voit BOB dans le reflet de la psyché de la cellule. Il est rassuré. Le feu marche avec lui (épisode 5, saison 3). L'image réfractée par le miroir de la prison, du salon, de la voiture est celle de celui qui est possédé par son double. C'est un rétroviseur. Quand, dans *Mulholland Drive*, Camilla se tient debout face au miroir de la salle de bains du studio de Betty, elle regarde non

---

[22] Michel Ciment, *Kubrick*, Paris, Calmann-Lévy, 1999 [1980], p. 257.

son propre reflet mais celui du portrait peint de l'actrice Rita Hayworth pour une affiche promotionnelle du film *Gilda* (Charles Vidor, 1946) que renvoie un petit miroir latéral. Le vertige d'un dédoublement tout autant fantomatique que cinématographique.

2001 l'odyssée de l'espace (S. Kubrick, 1968). L'infini et l'au-delà. Le cosmonaute David Bowman interprété par Keir Dullea voit double. Son double. Le visage ridé, outragé par le temps, il agonise allongé sur le lit de la chambre Louis XVI. Premières saisons de *Twin Peaks*. Dale Cooper est un jeune enquêteur. Lui aussi voit double. Dans la loge, il rencontre un Cooper crépusculaire et vieillissant. *Twin Peaks : The Return*. La police découvre le corps décapité du major Briggs. Le légiste est formel. L'homme a quarante-cinq ans. Il avait cet âge quand il a péri dans l'incendie d'une base militaire au début des années 1990 (épisode 5, saison 3). *Shining* (S. Kubrick, 1980). Fin 1970, Jack Torrance (Jack Nicholson) est le gardien d'hôtel psychopathe à la hache. Pourtant, une photographie le prouve. Il était déjà bien là le 4 juillet 1921 parmi les convives d'une soirée organisée pour célébrer le Jour de l'Indépendance.

Deux agents du FBI enquêtent sur une affaire de meurtre à Olympia en 1975. Ils arrivent à un motel pour arrêter une suspecte appelée Lois Duffy. Ils entendent des coups de feu. Deux femmes sont à l'intérieur d'une chambre. Lois est à terre, blessée par une balle à l'abdomen. Elle sourit. « Je suis comme la Rose bleue. » Meurt. Son corps disparaît. L'autre hurle dans un coin de la pièce. Elle lâche son arme. C'est Lois. Elle n'a pas de sœur jumelle, nie avoir être la coupable et se pend avant d'avoir été jugée. Les agents sont Cole et Cooper. « Il n'y a pas de rose bleue dans la nature. Ce n'est pas naturel. La victime est une apparition. Un Tulpa. » Un esprit qui, selon la tradition tibétaine, se manifeste dans l'univers physique par la volonté d'un invocateur (épisode 14, saison 3).

« All. » À Buckhorn, Diane a reçu l'instruction de les éliminer tous : Cole, Rosenfeld et leur collègue, la belle agent Tammy Preston (Chrysta Bell). Elle frappe à la porte de la suite de l'hôtel. « Entrez Diane. » Ils l'attendent. *Je viens vous parler de la nuit où Cooper est venu me rendre visite. Je n'avais pas eu de nouvelles depuis trois, quatre ans. J'étais si heureuse de le voir. Je l'ai serré fort contre moi. Je voulais savoir où il avait été, ce qu'il avait fait. Ses lèvres ont touché les miennes. J'ai pris peur. Il a vu la peur en moi. Il a souri. Il m'a violée, puis m'a traînée quelque part, dans une sorte d'ancien magasin général...* Diane respire avec peine. Ses mains tremblent. Elle prend le revolver caché dans son sac. *Je fais ça parce que je ne suis pas moi.* Preston et Rosenfeld l'abattent. Ce n'était pas la vraie Diane. L'illusion est rayée d'un trait vif et net. Son cadavre s'évanouit comme celui de Lois à Olympia. L'incarnation a rejoint la loge. Elle est assise, fume une cigarette. MIKE est là. « Quelqu'un vous a façonnée. » L'incarnation le sait. « Je vous emmerde. » Comme dans la peinture de René Magritte, le personnage s'efface et l'arrière-plan découpé par sa silhouette apparaît. Dans *Twin Peaks*, le fond noir autour duquel s'enroulait le corps du Tulpa (épisode 16, saison 3).

« Eh, oui. Monsieur Jones. Nous vous observons (épisode 4, saison 3). » Dans les quartiers généraux du FBI à Philadelphie, le sous-sol d'un immeuble à New York, la salle de jeux d'un casino à Dallas, les caméras de vidéosurveillance quadrillent l'espace. Les lisières de l'extérieur et de l'intérieur, du public et du privé, sinon disparaissent, du moins, se brouillent. Les agressions répétées du regard entraînent un fléchissement des notions de l'identité. Diane demande à Mr. C : « Qui êtes-vous ? Regardez-moi ! » Le rideau blindé de la salle d'interrogatoire se baisse. Elle dit à Cole : « Ce n'est pas le Dale Cooper que j'ai connu (épisode 7, saison 3). » Qui est-il ? Qui suis-je ? Comment distinguer le gentil Dale de son double maléfique ? Ce sont les folies et les ambiguïtés de l'altérité que D. Lynch théâtralise.

Dans l'histoire du cinéma américain, *L'Invasion des profanateurs de sépultures* de Don Siegel est un film crucial et précurseur. Jean-Baptiste Thoret voit s'y déployer « quelques-unes des problématiques centrales qui occuperont les films du Nouvel Hollywood, dont celle du monde menacé par son simulacre[23]. » Le film est sorti en 1956. Cette année-là dans le désert du Nouveau-Mexique, une larve d'origine extra-terrestre s'introduit dans la bouche d'une adolescente endormie (épisode 8, saison 3). Soixante ans plus tard, Sarah Palmer est assise au comptoir d'un bar de Twin Peaks. Elle est seule. Une grande brute s'approche. Il porte un T-shirt « truck you (je vais t'enfourgonner). » Il est obscène et menaçant. Dégueulasse et misogyne. Trump sans la tour et les millions. « On est en démocratie. En démo-chatte-rie (*a free cunt-ry*). » Sarah est une sale gouine. « Grab them by the pussy (attrapez-les par la chatte). » C'est elle qui va le bouffer. « Mon cul, vieille pute de merde, je vais t'arracher tes petits nichons de goudou. » Elle *dévoile* son visage. « Do you really wanna fuck with this ? » Derrière

[23] Jean-Baptiste Thoret, *Le Cinéma américain des années 70*, Paris, Les Éditions de l'étoile/Cahiers du cinéma, 2006, p. 54-55.

le masque de chair, il y a quelque chose, une ombre que troublent une langue bifide, un sifflement reptilien, le dos d'une main, le sourire maléfique d'un démon. La brute ne voit pas l'autre. Il ne voit pas l'autre qui le regarde. Il voit le regard de l'autre qui voit ce qu'il regarde. Il est saisi par la profondeur du chasme qui s'ouvre. Il est terrifié. Il a raison de l'être. Il pourrait s'agir de Jowday/Judy, l'entité négative évoquée par Cole (épisode 18, saison 3). Elle et/ou Sarah se jette sur lui, lui arrache la gorge. Il tombe à la renverse et meurt étouffé par son propre sang (épisode 14, saison 3).

Cooper enquête

1

D. Lynch a codé l'univers des deux premières saisons de *Twin Peaks*. Il glisse la référence, file l'allusion, ouvre avec ironie le récit à la tradition du polar qui l'irrigue. Jacques Renault possède un mainate baptisé Waldo. Le vétérinaire s'appelle Lydecker. Waldo Lydecker est le pygmalion de Gene Tierney dans le *Laura* d'Otto Preminger (1944). Gordon Cole est un personnage de second plan du film *Boulevard du Crépuscule* de Billy Wilder (1951). Le nom de Madeleine Ferguson est un hommage rendu aux protagonistes de *Sueurs Froides*, Madeleine Elster et Scottie Ferguson. L'habitué du film noir et du thriller sourit et apprécie les clins d'œil. C'est un habitué. Un intime. Il connaît les lieux du drame : morgue, bureau du shérif, cellule, tribunal ou casino. Il connaît les épisodes convenus du genre : trafic de drogue, arnaque immobilière, homicide, prises d'otage ou enlèvement. Tout cela est le déroulé attendu du policier de détection. Et, quand le cadavre de Laura Palmer est découvert, il sait bien que fausses pistes et suspects vont se croiser. Qu'un assassin rôde quelque part, prêt à faire de nouvelles victimes. Qu'il doit s'attendre à être surpris, dérouté, angoissé.

Rapidement, toutefois, il perd pied. La fiction prend un nouveau tour. L'irrationnel prend le pas sur le rationnel. Marc Dolan comprend que le premier épisode de la saison 2 est un tournant[24]. Les suspects conventionnels du récit criminel ont été soit blanchis, soit éliminés. James Hurley

---

[24] Marc Dolan, « Peaks and Valleys of Serial Creativity », dans David Lavery (dir.), *Full of Secrets. Critical Approaches to* Twin Peaks, Detroit, Wayne University Press, 1995, p. 39.

et Bobby Briggs sont disculpés. Jacques Renault est mort. Leo Johnson grièvement blessé. Un test sanguin les innocente. Un inconnu serait le coupable. Harold Smith dont on apprend l'existence ? Ou ce BOB autour duquel le mystère se recentre et qu'accablent le témoignage de James et le cauchemar de Ronette ? L'enquêteur du FBI est la proie des rêves. Des visions qui lui apprennent que Jacques Renault vient d'être assassiné. Qu'un indice est caché chez les Johnson. Que Phillip Gerard est MIKE. L'investigation se détourne des combines de gangster de film noir. Une dimension onirique et extraterrestre est sa cible.

Roger Caillois a lu les pionniers du roman policier : Edgar Allan Poe, Arthur Conan Doyle et Gustave Leroux. Le détective « triomphe dans l'explication de l'impossible. La découverte d'un coupable importe moins que la réduction de l'impossible au possible, du surnaturel au naturel[25]. » De ce point de vue, le noir est un policier singulier. Une histoire où l'inexplicable reste le plus souvent inexpliqué. Et à laquelle le spectateur revient pour ne pas avoir pas eu de réponse. Un cauchemar raconté par un ivrogne, comme l'a dit Georges Sadoul du *Grand sommeil* d'Howard Hawks (1944). Seulement, la règle reste celle d'une rationalisation. D'une tentative d'accorder le monde aux lois de la raison quand, dans *Twin Peaks*, la fiction s'y dérobe. Collecte et exégèse du seul indice matériel n'aboutissent pas à l'élucidation pleine et satisfaisante du mystère de la mort de Laura Palmer. Il faut, sans cesse, aller plus loin. Chacun des progrès faits dans l'investigation du monde physique indique qu'il faut rechercher la vérité ailleurs que dans l'ici du naturel.

[25] Roger Caillois, *Approches de l'imaginaire*, Paris, Gallimard, 1974, p. 186-187.

Leland reconnaît l'individu du portrait-robot qui s'appelle Robertson. Il habitait près de la maison de ses grands-parents à Pearl's Lake. On consulte les registres et le cadastre. On interroge les résidents. On ne trouve aucune trace d'un voisin qui aurait porté ce nom.

L'assassinat de Laura Palmer représente un secret qui relève tout à la fois du physique et du psychique. Les chemins du déchiffrement divergent : l'opposition *psychic clue/earthly result*, indice psychique/résultat physique, du troisième épisode la saison 2. Albert Rosenfeld est un policier de ratiocination. Un esprit pragmatique et agnostique qui regarde l'au-delà avec un mépris sceptique. Son protocole repose sur la factualité et la matérialité de l'indice. Il est froid. Efficient. Veut pratiquer une lobotomie post-mortem sur le corps de Laura. Le docteur Hayward s'y oppose. Le shérif Harry Truman le frappe au visage. Des « paysans » arriérés aux yeux de l'homme éclairé (épisode 4, saison 1). La scène amuse. Le ressort comique est vieux comme le théâtre. Dale Cooper est l'exact opposé de Rosenfeld. Il manifeste de l'empathie pour les gens humbles et superstitieux. C'est un policier de l'occulte. Un interprète de la vision. Un mystique et un devin. Il a des intuitions. Il interroge un témoin placé sous hypnose (le docteur Jacoby, épisode 3, saison 2). Il questionne un suspect sous l'emprise d'une drogue hallucinogène (Phillip Gerard, épisode 6, saison 2). Pour lui comme pour les enquêteurs freudiens d'A Hitchcock, Ingrid Bergman (*La Maison du docteur Edward* [1945]) et Sean Connery (*Pas de printemps pour Marnie* [1964]), la clé du rêve est aussi la clé de l'énigme.

Incertitude et suspense ne tournent plus simplement autour de l'identité du meurtrier, mais également autour de la nature même du mystère qui concerne les deux enquêteurs. Inceste ou possession ? On ne sait pas. Dale Cooper, non plus, ne le sait pas. L'alarme anti-incendie se met en marche. Il pleut dans la cellule. Le feu s'éteint. BOB ne marche plus avec Leland. Il pleure. Il a avoué le meurtre de sa fille, Laura (épisode 9, saison 2). L'outrage au sens commun, c'est quoi ? L'esprit ? Le croquemitaine ? Ou le père qui viole son enfant ? *It's a fucking nightmare*. Un putain de cauchemar.

2

Dale Cooper est un être extraordinaire. Albert Rosenfeld, lui-même, en convient. L'agent est le seul qui puisse arrêter BOB (épisode 9, saison 2). Il voit ce que l'œil commun ne voit pas. Il regarde un enregistrement vidéo. Repère le phare de la moto de James Hurley qui se reflète dans l'œil de Laura. En déduit que les deux jeunes gens étaient secrètement amants (pilote, saison 1). Casse accidentellement une bouteille quand il entend le nom de Leo Johnson et fait le lien avec la victime (épisode 2, saison 1). Sait que les rideaux rouges de la loge sont accrochés aux fenêtres de la cabane de Jacques Renault (épisode 7, saison 1). Laisse tomber une pièce sur une carte de la région pour situer le lieu du *combo*, du complot criminel (épisode 12, saison 2). Le progrès du récit est arbitré par les jeux de l'aléatoire et de la correspondance spéculaire.

La coïncidence est la source des irrationalités les plus fortes. Les cheveux de Leland ont soudainement blanchi le temps d'une nuit. Il est possédé par BOB. L'Homme venu d'ailleurs du rêve de l'agent Cooper exécute un numéro drôle et décalé de chorégraphie. L'assassin de Laura a le don de la comédie musicale. Des évidences ? *Evidences* (preuves en anglais) ? On accepte la réalité tangible et phénoménale du surnaturel pour ce qu'il permet de pallier l'inexistence de la cause expliquant des conjonctions événementielles strictement fortuites. *Twin Peaks* est un univers que régit la volonté policière de l'élucidation. Une œuvre ainsi faite qu'elle met en lumière la folie, la dérive potentiellement déraisonnée de la logique du détective de pouvoir tout comprendre et tout déterminer.

Dale Cooper est-il fou ? Peut-on se fier à lui ? L'interrogation provoque le vertige. Le frisson. L'agent est celui autour duquel gravite le procès de l'investigation. L'acteur qui a vocation à raisonner et ordonner les désordres de la fiction. Dont on doit être assuré qu'il dise et qu'il voit vrai. Car si plus rien n'est sûr, tout pourrait être faux. *Une histoire racontée par un idiot, pleine de bruit et de fureur, et qui ne signifie rien* (William Shakespeare, *Macbeth*). Laura murmure quelque chose à l'oreille de Dale. On n'entend pas la confidence. C'est le milieu de la nuit. C'est un rêve. Il appelle le shérif Harry Truman. L'affaire est close. Il lui dira qui a tué Laura au petit-déjeuner. Fin de l'épisode (le troisième de la saison 1). Suite au prochain numéro. Un cliché de *cliffhanger*. Le lendemain, l'agent est désolé. Il ne se souvient plus. A-t-il simplement oublié ce qu'a chuchoté Laura ? A-t-il menti ? Cache-t-il des informations ? Des secrets ? A-t-il bel et bien entendu quelque chose ?

Leland continue d'assassiner. Jacques Renault. Maddy Ferguson. Pour Dale Cooper, ce sont des compléments d'enquête. De nouveaux problèmes à résoudre. L'affaire Laura Palmer est un jeu complexe et sadique. Une partie d'échecs dont Windom Earle (Kenneth Welsh), l'ancien partenaire et ami de l'agent du FBI, fixe la règle. Pour chaque pièce prise, une nouvelle victime. Le sacrifice est obligatoire. Il y aura d'autres morts.

Cooper avoue n'avoir jamais vaincu le Moriarty de la série. Il ne peut pas ne pas perdre. Et puisqu'on est sûr de ne pas gagner, on ne joue plus que pour le plaisir de jouer. Le plus grand des crimes n'est pas le meurtre (il fait partie du jeu) mais le non-respect des règles. La fraude. Le manque de fair-play. Earle accuse Cooper d'avoir triché quand il demande l'aide de Pete Martell. Cooper accuse Earle d'avoir triché quand il assassine sans remporter le tour. Un homme est retrouvé à l'intérieur d'un pion fait de papier mâché. Pour le génie criminel et le génie policier, le monde est une simulation absurde et macabre.

Le crime est un cryptogramme. Pour le résoudre, il faut « déchiffrer le code. » Comprendre la signification des messages envoyés par la loge. « L'homme dans un sac qui sourit », c'est Jacques Renault. « L'homme prisonnier d'un cheval affamé », Leo Johnson. « Le hibou qui n'est pas ce dont il a l'apparence », BOB. Distinguer MIKE de Mike Nelson. BOB de Bobby Briggs et de Bob Lydecker. Trouver à qui appartient une chemise aux initiales brodées L. J. (Leo Johnson). Découvrir le prénom du meurtrier à l'aide des lettres découvertes sous les ongles des victimes qu'il assassine (Robert pour BOB). Tout cela n'est que l'exercice cérébral et ludique du cruciverbiste et du linguiste. De l'amateur de chasse au trésor et de récit à clés.

Le monde de la vie ne s'explique pas par celui des mots. *The Alphabet* (1968) rapporte le plus élémentaire et le plus enfantin des procès narratifs à l'horreur inexprimable du cauchemar. Une fillette vomit du sang sur des draps blancs. Des enfants épèlent l'alphabet à voix haute. Le récit verbal du court-métrage obéit à une logique implacable et rectiligne. De « a » à « z ». Du début à sa conclusion. Mais, il est sans mesure et sans rapport avec ce qu'on voit.

D. Lynch s'est toujours défié du langage articulé. Les saisons 1 et 2 de *Twin Peaks* égalent le monde des mots à celui d'une investigation qui vire au cauchemar. À trop vouloir raisonner, Dale Cooper déraisonne. Possédé par BOB, il se révèle le fou dangereux de la fiction, comme, plus tôt avant lui, l'intelligence artificielle Hal 9000 du *2001* de S. Kubrick. Un être tout aussi destructeur et déraisonné que les criminels qui lui sont opposés. D'ennemi de l'irrationnel, il devient une figure de l'irrationnel. L'obvers de la raison. L'obvers de la vie également.

Le Retour

1

Las Vegas, Buckhorn, Buenos Aires, New York : D. Lynch délocalise l'intrigue et le complot de la saison 3 de *Twin Peaks*. Le tout reste pourtant aussi solidement tramé que le Baltimore de David Simon (la série *The Wire* [2002-2008]). La demi-sœur de Diane s'appelle Jane. On la surnomme Janey-E. Elle est mariée à Dougie Jones, le double de Cooper dont Diane a été la secrétaire. Les énigmes s'imbriquent : le meurtre de Laura Palmer, le plan criminel de Windom Earle, le projet militaire commandé par le major Briggs et l'enquête conduite par le FBI. Les cartes correspondent. Le plan GPS du shérif Frank Truman et le parchemin illustré de l'adjoint Hawk (épisode 11) isolent un seul et même lieu. L'univers n'est pas le rhizome de Gilles Deleuze. Il s'éparpille, mais possède un noyau autour duquel tout gravite : Twin Peaks et les terres sacrées de Blue Pine.

Tout au long de la saison 3, une main invisible est à l'œuvre. Une figure arachnéenne, un Mabuse qui manipule les rivalités des clans mafieux de Las Vegas et cherche à éliminer Cooper. Elle commande à des tueurs de piéger une voiture, de massacrer des témoins, ou d'intimider Tony Sinclair (Tom Sizemore), le collègue véreux de Dougie Jones pour qu'il l'accuse d'avoir fait avorter l'escroquerie à l'assurance montée par les frères Rodney et Bradley Mitchum (Jim Belushi). Il s'exécute. Cooper/Jones a rendez-vous avec les deux truands dans le désert du Nevada. C'est un guet-apens. On s'en doute. On a vu le *Casino* de Martin Scorsese (1995). Le désert est le cimetière des balances. Les mafieux rêvent aussi. C'est heureux. MIKE a confié à Cooper/Jones une boîte en carton qui contient une tarte aux cerises. L'un des deux frères a rêvé que Cooper/Jones apporterait une pâtisserie avec lui. Cooper/Jones a la vie sauve. Le dénouement est absurde et miraculeux. Les Mitchum découvrent que Cooper/Jones a sur lui un chèque de la compagnie d'assurances. Ils sont ravis. Ils offrent le champagne à leur nouvel ami dans un club du Strip de Vegas (épisode 11).

D. Lynch décrédibilise l'alibi criminel du complot. Les enjeux du récit sont autrement fondamentaux. Dans une suite de l'hôtel Mayfair à Buckhorn, Gordon Cole et Tammy Preston écoutent Albert Rosenfeld exposer le scénario d'une conspiration d'état. L'agent explique que le gouvernement américain commence à s'intéresser aux ovnis peu après la fin de la seconde guerre mondiale. Il démarre un programme militaire scientifique appelé Blue Book en 1948 – dans les faits, Saucer, Grudge puis Blue Book. Début 1970, les conclusions d'un rapport tombent. Les extraterrestres ne représentent pas de menace pour la sécurité nationale. Washington décide de mettre un terme au projet d'étude. « A massive cover-up », une vaste entreprise de dissimulation, d'après Albert. L'armée de l'air et le FBI forment une unité d'élite. Le but est de rouvrir les dossiers restés en suspens. L'affaire Blue Rose intrigue davantage que les autres. Un témoin conseillait d'emprunter des chemins d'investigation parallèles. Elle est morte après avoir livré l'indice d'une rose bleue. Qui d'autre qu'un homme venu de Mars pour mener l'enquête ? Cole suggère que Phillip Jeffries *aka* D. Bowie prenne le commandement de l'équipe qui comprend Cooper, Desmond et Rosenfeld. Des quatre agents, seul Albert n'a pas disparu. Tammy voudrait-elle rejoindre l'unité ? Elle accepte (épisode 12).

Diane retrouve les trois agents. Elle a des allures de femme fatale, fume cigarette sur cigarette, boit des cocktails seule au bar, enchaîne les liaisons d'une nuit et parle l'argot des durs à cuire. L. Dern incarne le rôle avec le degré d'exagération nécessaire. Cole et Rosenfeld la suspectent. Ils ne lui font pas confiance, savent qu'elle communique des informations et échange des messages avec un individu mystérieux. « Autour de la table, la conversation est animée (épisode 9)… Ils ont Hastings. Il va les conduire jusqu'au site (épisode 10)… Las Vegas ? Ils n'ont encore rien demandé (épisode 12). » Ils veulent très certainement la piéger et lui proposent de les assister dans l'enquête. « Ok. Let's rock. » Les lèvres maquillées de Diane forment les mots dessinés au rouge à lèvres sur le pare-brise de la voiture de l'agent Desmond une vingtaine d'années plus tôt.

2

Twin Peaks emprunte à l'ufologie les schèmes de son délire et de sa paranoïa. Dans son bel ouvrage iconographique préfacé par William Gibson, *Flying saucers are real !*, Jack Womack comprend que la soucoupe volante affiche tous les symptômes du mème : elle réfracte les terreurs de l'individuel et du social, sert le substrat des conspirations les plus surréalistes. Elvis Presley parle avec les *aliens*. Les nazis ont installé une base sur la lune. Adolph Hitler est vivant. Le FBI, la NSA et la CIA collaborent avec des puissances venues de l'espace. Les MIB, les hommes en noir, sillonnent le pays pour faire observer l'omerta. Les marionnettistes sont Satan, les juifs et la franc-maçonnerie[26].

---

[26] Jack Womack, *Flying Saucers are Real ! The UFO Library of Jack Womack*, New York City, Anthology Editions, 2016.

La saison 3 de *Twin Peaks* se déroule en 2017. On est à l'âge du village global de Marshall McLuhan. La fibre propage la rumeur. Depuis une cabane située sur les hauteurs de White Tail Falls, le docteur Jacoby est l'évangéliste et le propagandiste des théories de la peur et du complot. Le mensonge d'état est le message de l'émission diffusée sur la toile. *Nous avons les deux pieds dans la merde. Achetez mes pelles. Elles ont la couleur étincelante de l'or.* Nadine Hurley (Wendie Robie) est faible d'esprit. Elle adore. C'est une croyante. « It's us against them. » Lawrence est devenu l'homme dans la foule d'Elia Kazan. Le marchand du temple, l'illuminé et le charlatan.

Arrowhead est le nom de la maison du romancier de science-fiction, James Blish. Située à Milford en Pennsylvanie, l'ouragan Diane l'a partiellement détruite en 1955. Du début 1960 jusqu'à la fin des années 1970, elle a été le point de rencontre de toute une génération d'écrivains d'anticipation. Arrowhead est aussi le nom d'une rue de Buckhorn. C'est au 1349 que sont découverts deux corps mutilés allongés sur un lit. L'une des deux victimes est un homme. Il a été décapité. On ne retrouve pas sa tête. On ne sait pas qui il est. C'est un John Doe. La seconde victime est une femme. Elle a une tête mais n'a pas de corps. Elle est la propriétaire de l'appartement. Elle s'appelle Ruth Davenport. Elle est bibliothécaire (épisode 1).

Les policiers relèvent des empreintes et identifient un suspect William Hastings (Matthew Lillard), un principal de lycée. Interpellé, il nie connaître Ruth. « We just say hi. » Il y a une incohérence dans son emploi du temps. Hastings est placé en cellule. Sa femme Phyllis (Cornelia

Guest) lui rend visite. Bill dit n'avoir tué personne mais avoir rêvé la nuit des meurtres qu'il était là. Il se tient la tête. La migraine a le son inquiétant du drone. « Chérie, j'ai des ennuis… Va te faire foutre, Bill. J'ai toujours su que tu avais une liaison… » Phyllis a le regard mauvais et manipulateur de l'actrice de polar. Elle a la blondeur et le prénom de la femme fatale *d'Assurance sur la mort* (B. Wilder, 1944). Elle n'est pas nette. Elle couche avec l'avocat. Un autre homme aussi. C'est Mr. C. Il l'attend chez elle. « Bien joué, Phyllis. Tu connais parfaitement la nature humaine. » Mr. C la tue d'une balle en pleine tête. L'assassin est adroit et signe ses crimes. Comme Ruth, Phyllis est énucléée. D. Lynch possède une faculté d'abstraction étonnante. L'épisode a l'épaisseur d'un long-métrage. Il ne dure pourtant que quelques minutes (épisode 2).

L'affaire est complexe. Les autorités locales sont impuissantes. La police d'état, l'armée et le FBI interviennent. On découvre que le John Doe est le major Briggs. Un détective résume l'avancée de l'enquête. Rosenfeld a l'humour caustique et froid. Il demande : « Et il se passe quoi dans la saison 2 ? » Cole sourit. D. Lynch n'a jamais aimé cette saison. L'agent Preston interroge Bill. Ruth et lui étaient amants. Ils animaient un blog et enquêtaient sur l'existence d'une dimension parallèle. Ruth était douée. Elle a fini par localiser le point d'accès au monde appelé La Zone où se cachait le major Briggs. Ils l'ont rencontré. Des hommes le recherchaient. Il avait besoin des coordonnées d'un lieu pour leur échapper. Ruth les a trouvées dans une base de données militaires. Des lettres et des chiffres qu'elle a écrits sur son bras pour ne pas les oublier. Ils sont retournés là-bas pour transmettre les informations au major. *Il s'est élevé dans les airs. Sa tête a disparu. C'était magnifique. Mais, quelque chose de terrible s'est produit. Les autres étaient là. Ils m'ont attrapé, plaqué au sol et Ruth était morte. C'était horrible. Elle et moi voulions simplement nous aimer et aller faire de la plongée sous-marine aux Bahamas.* Le monde est si violent que les confidences les plus triviales ne sont pas ridicules mais bouleversantes (épisode 9).

Hastings guide les enquêteurs jusqu'au site découvert par Ruth. L'équipe s'arrête au 2240 Sycomore. Le témoin est terrifié. Le flic circonspect. « Vous êtes sûr que c'est ici ? » Cet endroit n'est pas l'entrée de La Zone. C'est la zone. Le flic ne voit pas que la composition symétrique du plan filmé par la caméra est unique et belle. Les toits et les toitures, les arbres et les poteaux dessinent des lignes horizontales et verticales parallèles aux bords du cadre. Cole et Rosenfeld s'approchent. Preston les couvre. Diane préfère se tenir en retrait. L'herbe du terrain vague grillagé est jaunie par le soleil. Des branches d'arbre gris cendre jonchent le sol. Un petit bâtiment blanc désaffecté, des containers, des bicoques en bois couvertes par de la tôle galvanisée occupent la vue. On aperçoit un homme des bois. Il a le pouvoir de se rendre invisible. Il disparaît. « Hastings, que s'est-il passé ? J'ai marché cinq ou six mètres. Après, je ne me souviens plus. » Cole l'imite. On voit trouble. Le ciel s'ouvre comme la bouche de l'homme paniqué du *Cri* d'Edward Munch. Le gouffre est un maelström. Il aspire les curieux et les damnés. Une vision d'apocalypse. Désastre et révélation. Comme le sont les représentations sphériques d'ovnis depuis les temps médiévaux. Cole voit des mendiants noircis par la crasse et la suie descendre un escalier. L'image est en noir et blanc. L'électricité et la lumière crépitent. Les mondes sont entrés en friction. Albert intervient. Cole allait partir et ne plus revenir. L'homme des bois s'est glissé dans la voiture de police. « Bill is dead [The Fall]. » Il y a du sang projeté dans le véhicule. La tête d'Hastings est explosée à hauteur des oreilles. Non loin de là, on découvre un corps étêté. Celui de Ruth Davenport. Des coordonnées inscrites sur le bras (épisode 11).

3

« Tu es en retard. Je t'ai raté à New York et je vois que tu es toujours à Buckhorn. Tu rentres demain et je serai de nouveau avec BOB (épisode 2). » Mr. C ne dit rien. Il n'a pas l'intention d'obéir. Il ne retournera pas à la loge. Il a échafaudé un plan, construit un réseau criminel à travers le pays. Mr. C est le Mabuse de la fiction. Ses sbires, Chantal et Hutch, le suivent aveuglément. Il veut les coordonnées. Il le dit. Il n'en a pas besoin. *Il les veut*. Il est la figure d'une volonté qui ne s'exerce que par le plaisir méchant de la voir s'exercer. Ray, son complice, doit lui procurer ces données, comprendre qu'il n'a pas le choix, que Mr. C ne lui sera redevable de rien. Les deux hommes se retrouvent emprisonnés dans une prison fédérale de haute sécurité du Dakota. Mr. C sait qui appeler : Mr. Strawberry. Quand il téléphone, c'est tout le système de surveillance qui disjoncte. Les gardes ont enregistré un message : « La vache a sauté par-dessus la lune. » Murphy, le directeur, prend peur. Il accepte d'organiser l'évasion des deux prisonniers (épisode 5). Il a de la chance. Chantal et Hutch l'assassinent, mais ne le torturent pas.

« Qui t'a dit de me tuer ? » Ray est immobilisé sur le parquet de l'entrepôt, une balle logée dans le genou. « Phillip Jeffries. » Mr. C inspire la peur. Duncan Todd (Patrick Fischler), son contact à Las Vegas, a prévenu

Roger (Joe Adler), son assistant : « Espère n'avoir jamais affaire à quelqu'un comme lui. » Les mains de Mr. C ont la couleur brune de la nécrose. Il pue la mort. Le gang lui a prêté allégeance. Il a soumis leur boss au jeu du bras de fer, lui a brisé le poignet, l'a tué sec d'un coup de poing en plein visage. Richard Horne est là, fasciné par la brutalité du spectacle. « Où est Jeffries ? Au Dutchman. » Le lieu n'existe pas. C'est le Hollandais volant, un vaisseau maudit pour les crimes abominables que son équipage a commis. Les dimensions se recoupent. Ray se vide de son sang sur le parquet de la loge (épisode 13). « Vous comprenez la situation, Albert ? Rose bleue, Gordon… Elle n'est pas devenue plus bleue, Albert (épisode 4)… »

On connaît le Dutchman sans connaître son nom. On a vu des ombres circuler derrière et devant la vitrine éclairée de sa façade enfumée (épisode 8). Entendu Phillip Jeffries évoquer le complot qui s'y trame (*Twin Peaks : Fire Walk with Me*). C'est le magasin général. Le bâtiment fantôme apparaît au gré des marées du temps. Mr. C sait où *et* quand le trouver. Au volant de son pick-up, il file à travers la nuit et la forêt. La route est déserte. Il est attendu. Un homme des bois le mène au palier de l'escalier extérieur. Les couloirs percent les parois et les bois pour aboutir au parking du motel où se retrouvaient Leland Palmer et Teresa Banks dans le film *Twin Peaks*. La chambre 8 est un taudis. La lumière du néon accroché au plafond ne marche pas bien. Jeffries est un éther contenu à l'intérieur d'une grande bouilloire. Il expire les coordonnées écrites à l'encre sur le bras de Ruth Davenport. Le téléphone sonne. Mr. C répond. Il est *téléporté* dans la cabine téléphonique du magasin général. Richard Horne l'a suivi. Il a un revolver, lui dit qu'il est le fils d'Audrey. Mr. C le désarme. Richard est à terre. « Monte. » Le Dutchman se dématérialise (épisode 15).

Le pick-up dévore la nuit et l'asphalte. Mr. C et Richard approchent de Twin Peaks. Ils bifurquent, prennent un chemin de terre qui conduit à l'endroit repéré par les coordonnées. Ils s'arrêtent devant un gros rocher. Mr. C se méfie. Il demande à son complice de l'escalader. Le grand-oncle de Richard, Jerry, observe la scène avec des jumelles. Elles fonctionnent mal. Il ne voit que d'un œil. La lumière des phares projette la silhouette de Richard sur la pierre. Une ombre parmi les ombres. Quand il atteint le point indiqué, il est frappé par un courant d'énergie et disparaît dans un nuage de fumée. L'épitaphe est brève : « Adieu, mon fils (épisode 16). »

L'activité électrique redouble d'intensité. L'oreille se crispe. L'atmosphère est tendue par le bruit prolongé d'un mauvais branchement. Le bourdonnement s'estompe. Les adjoints Brennan, Briggs, Hawk et le shérif Truman entrent dans les bois. La nature est organique et luxuriante, aussi vaste et profonde que l'océan. On croit entendre le ressac et le cri des sternes, il s'agit des oiseaux de la forêt et de l'eau de la rivière. Les policiers arrivent face à un grand arbre mutilé par la foudre. C'est le Jack Rabbit's Palace. Ils suivent le plan du major Briggs. Le souffle du vent accompagne le mouvement des hommes et de la caméra. La forêt s'éclaircit. Le groupe parvient au point du rendez-vous. Un nuage de brume se répand sur le sol. Il découvre la femme aux yeux clos du troisième épisode. Elle s'appelle Naido. Elle a peur. Elle est nue. L'écho assourdi du cosmos envahit l'espace. Le ciel se creuse. Brennan est captivé. Il est aspiré par la force centripète du tourbillon. Atteint l'œil du cyclone, le calme des grands fonds marins. L'image passe au noir et blanc. Il est assis face au Fireman qui fait apparaître un objet dans les mains de l'adjoint. De la fumée s'élève dans la direction d'un des hublots du plafond. C'est un écran où s'enchaînent des instants pris au film et aux trois saisons. Brennan comprend comme on comprend les films de D. Lynch, sans les comprendre : l'explosion nucléaire, les hommes des bois, Laura Palmer, la femme aux yeux clos. Des hologrammes se matérialisent autour de l'arbre foudroyé : Briggs, Hawk et Truman. Brennan les rejoint, la femme aux yeux clos dans les bras. *Il faut descendre de la montagne. Elle est très importante. Des gens veulent la tuer. Il faut la mettre à l'abri. Qu'est-ce qui nous est arrivé là-bas ? Je ne sais pas. Quelque chose. Mais je ne me souviens de rien* (épisode 14).

James Hurley travaille comme agent de sécurité à l'hôtel du Grand Nord. Son jeune collègue et ami s'appelle Freddie Sykes (Jake Wardle). Il est originaire de Londres. Il rentrait chez lui après une soirée passée au pub quand il a vu un vortex se former dans le ciel. Il a été happé et a lui aussi rencontré le Fireman qui lui a dit d'aller à la quincaillerie de son quartier dans l'East End. Il y trouverait un gant de jardinage qu'il devrait passer à la main droite. Son poing aurait alors la force du marteau-pilon. Il irait ensuite accomplir sa destinée à Twin Peaks. Freddie a écouté les conseils du Fireman. Il a enfilé le gant. Mais, voilà, l'employé du magasin n'était pas vendeur. *Désolé. Les gants de jardinage ne sont pas vendus à l'unité.* Le ton est monté. Sykes a accidentellement brisé la nuque du caissier. Freddie ne le savait pas encore, mais il était métamorphosé : un personnage de Marvel, un mutant à la main de caoutchouc vert (épisode 14). Le récit n'a pas la dimension épique des épisodes tragiques de Buckhorn et du Jack Rabbit's Palace. Il est absurde, ridicule et drôle. Ses implications n'en sont pas pour autant ni moins dramatiques, ni moins terrifiantes. Sykes ne contrôle pas sa force. Plus tard dans la soirée, il blesse grièvement un homme au Roadhouse. Lui et James sont placés en détention au bureau du shérif. Dans une cellule voisine, les policiers ont caché la femme aux yeux clos (épisode 15).

4

Dale Cooper est à l'hôpital. Il s'est électrocuté en plantant une fourchette dans une prise électrique. Il est inconscient, intubé. Le choc est salutaire. L'électricité fait le contact. Les fils se touchent. L'agent sort du coma et arrache son masque d'assistance respiratoire. Il reprend ses esprits et retrouve son ancienne identité. MIKE lui demande s'il est éveillé. « À 100 %. » Il n'est plus l'adulte sénile qu'il était à son retour de la loge. Il endosse à nouveau les habits d'homme de la famille et de super flic. Ce n'est plus Janey-E qui conduit la décapotable. C'est elle qui plie et lui qui décide. Le coup d'état aura été de courte durée. Le père oligarque a repris le pouvoir. Femme et enfant de la famille nucléaire n'ont pas de rôle à jouer dans le grand dessein de la fiction. Leur place est à la maison. Dale Cooper doit retourner à Twin Peaks. Il leur tourne le dos et s'éloigne. La caméra recule, abandonnant Janey-E et Sonny Jim à l'arrière-plan de la salle des machines à sous du casino des frères Mitchum (épisode 16).

Dans sa cellule, la femme aux yeux clos émet les cris effrayés d'un oiseau enfermé dans sa cage : elle sent que Mr. C est proche. L'adjoint Andy et la standardiste Lucy sont enchantés de voir le *doppelgänger* franchir la porte du bureau du shérif. Ils s'imaginent, tous les deux, avoir retrouvé leur ami, l'agent Cooper. « Cooper ? », demande Frank Truman. « En chair et en os, shérif. » Le « vrai » Cooper vient d'arriver à Twin Peaks. Il appelle Truman pour le mettre en garde. Mr. C comprend et sort son revolver. Lucy l'abat.

Andy, Bobby, Cole, Cooper, Freddy, Hawk, James, Naido, les *bunny girls*, les frères Mitchum, tout le monde entre tour à tour dans le bureau. La scène possède un faux air de réunion de famille de *soap opera*. Entre-temps, les hommes des bois sont apparus. Ils tentent en vain de ramener Mr. C à la vie. Le ventre du *doppelgänger* se déchire pour libérer un petit satellite sphérique et charbonneux qui flotte dans l'air de la pièce. BOB est prisonnier de la roche. Il menace : « Tu vas finir dans mon sac mortuaire. » Il attaque Freddy qui saisit là l'occasion d'accomplir sa destinée. De sa main gantée, il explose en morceaux l'incarnation météorique de BOB. Le corps de Mr. C se désintègre.

Le scénario de la confrontation est mince et superficiel, sans davantage de cohérence que celui d'un rêve. L'histoire et la psychologie n'ont qu'une importance secondaire. C'est par la recherche formelle qu'est mise en relief la dimension éthique, occulte et ontologique du climax. Quand, au son de la marche lugubre d'un piano, les hommes des bois apparaissent dans le bureau, la lumière tremble et l'œil cligne comme l'asthmatique tousse. D. Lynch sait bien que les jeux vacillants de l'ombre et de la lumière sont les jeux ambigus du mal et du bien. La vaste gamme d'effets spéciaux employés n'est pas l'effet d'esbroufe du maître technicien. Les personnages qui s'évanouissent, le feu qui consume le sol, le noyau dur et pierreux qui éclate, tous les indices pointent dans la direction d'une réalité qui s'érode. Les procédés surnaturels et poétiques de la métamorphose et de la surimpression accusent la porosité des identités. Un écran de fumée noire éteint le visage de Naido, la femme aux yeux clos : elle est redevenue Diane. L'image de MIKE se superpose à celle de Cooper comme celle de BOB autrefois. L'image de l'agent se calque sur le fond de la scène. Elle vampirise le monde comme le portrait photographié de Laura. Des icônes statufiées à l'image des héros antiques et mythologiques dont les vestiges sculptés hantent le paysage européen.

Les statues nous interpellent non véritablement pour ce qu'elles représentent mais pour ce qu'elles scellent la vision de celui qui les a façonnées. Elles sont l'incarnation d'un regard. « Nous sommes comme le rêveur qui rêve et ensuite vit à l'intérieur du rêve », le vieil adage se répète. Le buste imprimé de Cooper en filigrane dans le bureau du shérif, c'est le regard fixe et perdu d'un homme que l'obsession mélancolique paralyse.

L'agent a la clé de la chambre qu'il occupait à l'hôtel du Grand Nord. Elle ouvre la porte du sous-sol qui mène à MIKE, au Dutchman et au motel où réside l'esprit de Phillip Jeffries. L'ancien collègue de Cooper est un magicien qui a le pouvoir de remonter le fil du temps jusqu'à la nuit de l'assassinat de Laura Palmer. Les événements et les scènes qui défilent à l'écran sont connus. D. Lynch a filmé l'épisode dans *Twin Peaks : Fire Walk with Me*. La séquence n'a que l'air du déjà-vu. Elle est en noir et blanc et Cooper est dans les bois. Laura l'aperçoit, saisit la main tendue avant de s'évanouir. Le récit est dérouté : l'héroïne ne rejoindra pas l'orgie de Jacques, Leo et Ronette.

Des glissements majeurs commencent d'opérer dès le redémarrage de l'ouverture du pilote de la saison 1. L'image repasse à la couleur, Josie Packard se maquille, Pete Martell part à la pêche, mais il n'y a plus de corps échoué sur les rives du lac. On commence seulement à prendre la mesure de l'ampleur pirandellienne du scénario du cataclysme. L'assassinat de Laura Palmer n'a pas eu lieu. Il n'y plus ni affaire, ni enquête, ni série, ni film *Twin Peaks* : c'est une autre histoire qui a débuté. Laura, dont la disparition crée le personnage, source de la fascination et du mystère, n'est plus, n'a jamais existé et n'existera plus. Quelque part dans l'un des nombreux corridors de l'espace-temps frayés par D. Lynch, Sarah Palmer brise avec violence le portrait photographié de sa fille. L'agent Cooper lui a tout simplement volé l'objet de son deuil, qui était aussi un peu le nôtre (épisode 17).

Les statues meurent aussi. Alain Resnais et Chris Marker ont filmé leur mort dans un court-métrage anti-colonialiste de 1953. Elles sombrent dans l'oubli, ou s'anéantissent dans le présent quand on ressuscite l'être qu'elles figent. « Kill your idols [Sonic Youth]. » *Tuez vos idoles*, tel pourrait être le sens à donner à ce retour à *Twin Peaks*. Après avoir exécuté au Roadhouse la danse qui l'avait jadis subsumée en icône adolescente de beauté troublante, Audrey Horne pleure quand elle voit son reflet vieilli dans le miroir. L'instant est étrange et bouleversant. Audrey comprend qu'elle ne pourra plus jamais jouer ce qu'elle a autrefois incarné (épisode 16). Une à une, les statues chutent de leurs piédestaux.

Dale Cooper continue de poursuivre implacablement l'objet de sa mélancolie. Son obsession monomaniaque et son aveuglement narcissique font froid dans le dos. Diane s'offre à lui. Il est indifférent, insensible. Il ne voit pas qu'elle souffre, qu'elle a le visage mortellement blessé de celle qu'on viole. L'agent marche dans les pas du Humbert Humbert de *Lolita* (Vladimir Nabokov, 1955). C'est un pervers, un psychopathe. Laura, jeune, a la couleur blonde et la coupe de cheveux de l'actrice Sue Lyon qui interprète le rôle de Lolita Haze dans la version du roman adapté à l'écran par S. Kubrick (1961). Cooper traverse l'Amérique et atterrit dans un bled paumé du Texas appelé Odessa. D. Lynch a le goût des coïncidences qui n'aboutissent à rien. On dit que le fantôme d'une teenager découverte assassinée en 1961 hanterait les couloirs du lycée de la ville. Les effets de parallélisme entre *Lolita* et *Twin Peaks* se poursuivent. James Mason (Humbert dans le film de S. Kubrick) retrouve sa nymphette engluée dans la vie tristement banale d'une ménagère américaine. Dale Cooper retrouve l'obscur objet de son désir dans une bicoque misérable et sordide. Laura a dépassé la quarantaine, s'appelle Carrie Page, a l'existence d'une *white trash* empêtrée dans une histoire criminelle, sombre et minable. Un homme, une balle plantée dans le front, est assis dans le fauteuil du salon. *Laura Palmer ? Sarah Palmer ? Twin Peaks ? Non. Vraiment non. Mais ça ne peut pas être pire qu'ici. Ok, je vous suis* (épisode 18)...

« Certaines choses vont changer. Le passé conditionne le futur. » Cooper est catégorique. Il n'a sans doute pas tort. Et c'est là le chemin de notre désillusion. Réécrire le passé pour transformer les contenus du présent, c'est pulvériser l'espoir qui avait été placé en lui autrefois. Face aux monuments qu'ont bâtis nos rêves et nos illusions, les personnages font pâle figure. Qu'espérait Cooper ? Qu'espérait le téléspectateur ? Qu'en ayant la vie sauve,

Laura aurait poursuivi le destin sublime et magique d'une créature immortelle de télévision et de cinéma ? Qu'elle aurait échappé à la vie que lui promettaient une enfance et une jeunesse meurtries par la violence et l'inceste ? Seul un horrible assassinat avait donné à la fille malheureuse l'existence et la puissance éternelles d'une figure tragique.

Le désir d'habiter quelque part est toujours celui d'un impossible retour. Sans pareil, l'ici du foyer est un nulle part. Il est un idéal de bonheur et d'intégration qui ne saurait en aucun cas advenir, puisque sans lieu et sans présent pour l'abriter et le soutenir. Dale et Laura reviennent à Twin Peaks. Ils passent devant le Double R, arrivent devant la maison des Palmer. Elle ressemble comme deux gouttes d'eau à la maison de *Chambre pour touristes* peinte par E. Hopper. Les fenêtres éclairées effraient autant que des fenêtres obscures. Une famille y habite. Elle n'a jamais entendu parler d'une famille Palmer. Mais, en quelle année sommes-nous, demande l'agent Cooper ? Il est perdu dans le dédale de son délire. Laura entend sa mère qui l'appelle comme au matin de sa disparition. Elle hurle. Tout mais pas ça. Tout sauf à assumer le poids de la statue qui m'écrase. « Leave me alone [New Order]. »

Fiches techniques

Twin Peaks (saison 1 et 2)
États-Unis (1990-1991). Série télévisée en un pilote et 29 épisodes créée par Mark Frost et David Lynch. Production : Lynch/Frost, Propaganda Films Spelling Entertainment Inc., Worldvisions Enterprises Inc.. Réalisation : David Lynch (pilote, 1, 2, 8, 9, 14, 29), Tina Rathbone (3, 17), Tim Hunter (4, 16, 28), Lesli Linka Glatter (5, 10, 13, 23), Caleb Deschanel (6, 15, 19), Mark Frost (7), Todd Holland (11, 20), Graeme Clifford (12), Duwayne Dunham (18, 25), Uli Edel (21), Diane Keaton (22), James Foley (24), Jonathan Sanger (26), Stephen Gyllenhall (27). Scénario : Mark Frost (pilote, 1, 2, 5, 7, 8, 11, 14, 16, 26, 29), David Lynch (pilote, 1, 2, 8), Harley Peyton (3, 6, 9, 11, 13, 16, 19, 22, 25, 27, 29), Robert Engels (4, 10, 11, 13, 16, 19, 22, 25, 27, 29), Jerry Stahl (11), Barry Pullman (12, 18, 24, 28), Scott Frost (15, 21), Tricia Brock (17, 23). Montage : Duwayne Dunham (pilote, 8), Jonathan P. Shaw (1, 2, 5, 9, 12, 15, 18, 21, 24, 27), Toni Morgan (3, 6, 11, 17, 20, 23, 26, 29), Paul Trejo (4, 7, 10, 13, 16, 19, 22, 25, 28), Mary Sweeney (14). Directeur de la photographie : Ron Garcia (pilote), Frank Byers. Son : John Wentworth (pilote), Richard Taylor. Direction artistique : Patricia Norris (pilote), Richard Hoover. Musique : Angelo Badalamenti, Julee Cruise, David Lynch. Production : David J. Latt, Gregg Fienberg, Harley Peyton. Responsable de production : Gregg Fienberg. Producteurs délégués : Mark Frost, David Lynch. Coproducteurs : Robert Engels, Robert D. Simon. Producteurs associés : Monty Montgomery, Philip Neel.

Interprètes : Kyle MacLachlan (agent Dale Cooper), Sheryl Lee (Laura Palmer/Maddy Ferguson), Ray Wise

(Leland Palmer), Michael Ontkean (shérif Harry S. Truman), Kenneth Welsh (Windom Earle), Don Davis (major Garland Briggs), Mädchen Amick (Shelly Johnson), Dana Ashbrook (Bobby Briggs), Phoebe Augustine (Ronette Pulaski), Eric Da Re (Leo Johnson), Miguel Ferrer (Albert Rosenfeld), Heather Graham (Annie Blackburne), Lara Flynn-Boyle (Donna Hayward), Warren Frost (docteur William Hayward), Richard Beymer (Ben Horne), David Patrick Kelly (Jerry Horne), Peggy Lipton (Norma Jennings), Chris Mulkey (Hank Jennings), David Lynch (Gordon Cole), Lenny von Dohlen (Harold Smith), Grace Zabriskie (Sarah Palmer), Frances Bay (Ms. Tremond), Austin Jack Lynch (Pierre Tremond), Catherine Coulson (la Dame à la bûche), Michael J. Anderson (l'Homme venu d'ailleurs), Frank Silva (BOB), Al Strobel (Philip Gerard/MIKE), Gary Hershberger (Mike Nelson), James Marshall (James Hurley), Everett McGill (Ed Hurley), Wendie Robie (Nadine Hurley), Russ Tamblyn (docteur Lawrence Jacoby), Walter Olkewicz (Jacques Renault), Michael Parks (Jean Renault), Carel Struycken (le Géant), Billy Zane (John Justice Wheeler), Joan Chen (Josie Packard), Kimmy Robertson (Lucy Moran), Jack Nance (Pete Martell), Piper Laurie (Catherine Martell), Michael Horse (Hawk), Harry Goaz (Andy Brennan), Heather Graham (Annie Blackburne).

Twin Peaks : Fire Walk with Me

États-Unis (1992). 35 mms couleur. Compagnie de production : Ciby 2000. Réalisation et conception sonore : David Lynch. Scénario : Robert Engels, David Lynch. Montage : Mary Sweeney. Directeur de la photographie : Ron Garcia. Direction artistique : Patricia Norris. Musique : Angelo Badalamenti, Luigi Cherubini, Julee Cruise, David Lynch. Mixage : David Lynch, David

Parker, Michael Semanick. Producteurs délégués : Mark Frost, David Lynch. Durée : 120 mns.

Interprètes : Sheryl Lee (Laura Palmer), Ray Wise (Leland Palmer), Mädchen Amick (Shelly Johnson), Dana Ashbrook (Bobby Briggs), Phoebe Augustine (Ronette Pulaski), David Bowie (agent Phillip Jeffries), Eric Da Re (Leo Johnson), Miguel Ferrer (Albert Rosenfeld), Pamela Gidley (Teresa Banks), Heather Graham (Annie Blackburne), Chris Isaak (agent spécial Chet Desmond), Moira Kelly (Donna Hayward), Peggy Lipton (Norma Jennings), David Lynch (Gordon Cole), Harry Dean Stanton (Carl Rodd), Kiefer Sutherland (agent Sam Stanley), Lenny von Dohlen (Harold Smith), Kyle MacLachlan (agent Dale Cooper), Grace Zabriskie (Sarah Palmer), Frances Bay (Ms. Tremond), Catherine Coulson (la dame à la bûche), Michael J. Anderson (l'Homme venu d'ailleurs), Frank Silva (BOB), Al Strobel (Philip Gerard/MIKE), Gary Hershberger (Mike Nelson), Sandra Kinder (Irene), James Marshall (James Hurley), Walter Olkewicz (Jacques Renault), Kimberly Ann Cole (Lil), Gary Bullock (shérif Cable), Jonathan J. Lepell (Pierre Tremond).

Twin Peaks : The Return (saison 3)
États-Unis (2017). Série télévisée en 18 épisodes de 60 mns créée par Mark Frost et David Lynch. Diffusion : Showtime. Réalisation : David Lynch. Scénario : Mark Frost, David Lynch. Production : Mark Frost, Christine Larson-Nitzsche, David Lynch, Johanna Ray, Sabrina Sutherland. Musique : Au Revoir Simone, Angelo Badalamenti, Blunted Beatz, Booker T. & The M.G.'s, Dave Brubeck, The Cactus Blossoms, Chromatics, Shawn Colvin, Julee Cruise, Sharon Van Etten, Dean Hurley,

Johnny Jewel, Lissie, David Lynch, Muddy Magnolias, James Marshall, Nine Inch Nails, The Paris Sisters, Krzystof Penderecki/Witold Rowicki, The Platters, Otis Redding, Rebekah del Rio, Thought Gang (Angelo Badalamenti & David Lynch), Trouble, Eddie Vedder, The Veils, ZZ Top. Directeur de la photographie : Peter Deming. Montage : Duwayne Dunham. Direction artistique : Cara Brower. Décors : Ruth De Jong. Costumes : Nancy Steiner.

Interprètes : Kyle MacLachlan (Dale Cooper/Dougie Jones), Sheryl Lee (Laura Palmer/Carrie Page), Michael Horse (Hawk), Chrysta Bell (Tammy Preston), Miguel Ferrer (Albert Rosenfeld), David Lynch (Gordon Cole), Robert Forster (shérif Frank Truman), Kimmy Robertson (Lucy Brennan), Naomi Watts (Janey E-Jones), Laura Dern (Diane Evans), Pierce Gagnon (Sonny Jim Jones), Harry Goaz (Andy Brennan), Al Strobel (Phillip Gerard), John Pirruccello (Chad Broxford), Don Murray (Bushnell Mullins), Mädchen Amick (Shelly Briggs), Dana Ashbrook (Bobby Briggs), Brent Briscoe (inspecteur Dave Macklay), David Patrick Kelly (Jerry Horne), Jane Adams (Constance Talbot), Jim Belushi (Bradley Mitchum), Richard Beymer (Ben Horne), Giselle DaMier (Sandie), Eamon Farren (Richard Horne), Patrick Fischler (Duncan Todd), Jennifer Jason Leigh (Chantal Hutchens), Robert Knepper (Rodney Mitchum), Andréa Leal (Mandie), Grace Zabriskie (Sarah Palmer), Amy Shiels (Candie), Russ Tamblyn (docteur Lawrence Jacoby), Tom Sizemore (Anthony Sinclair), Catherine E. Coulson (Margaret Lanterman), George Griffith (Ray Monroe), James Marshall (James Hurley), Peggy Lipton (Norma Jennings), James Morrison (Dwight Murphy), J.R. Starr (MC), Tim Roth (Gary Hutchens), Wendy Robie (Nadine Hurley),

Harry Dean Stanton (Carl Rodd), Larry Clarke (inspecteur T. Fusco), Sherilyn Fenn (Audrey Horne), Josh Fadem (Phil Bisby), Jay R. Ferguson (agent Randall Headley), Eric Edelstein (inspecteur « Smiley » Fusco), Ashley Judd (Beverly Paige), Caleb Landry Jones (Steven Burnett), Matthew Lillard (William Hastings), David Koechner (inspecteur D. Fusco), Sarah Jean Long (Miriam Sullivan), Clark Middleton (Charlie), Carel Struycken (!!!!!!!/The Fireman), Jake Wardle (Freddie Sykes), Naido (Nae Yuuki), Amanda Seyfried (Rebecca Burnett), Balthazar Getty (Red), Jan D'Arcy (Sylvia Horne), Ray Wise (Leland Palmer), Everett McGill (Ed Hurley), Monica Bellucci (Monica Bellucci), Don Davis (major Garland Briggs), Sky Ferreira (Ella), Grace Victoria Cox (Charlotte), Warren Frost (docteur William Hayward), Gary Hershberger (Mike Nelson), Charlotte Stewart (Betty Briggs).

Ce livre n'a pas de bibliographie. Des lectures en ont accompagné l'écriture. Parmi elles, celles d'Alain Bonfand, Jean-Loup Bourget, Michel Chion, Michel Ciment, Fredric Jameson, Christian Metz, Pierre-Yves Pétillon, Clément Rosset, J. P. Telotte, Tzvetan Todorov, Amos Vogel, Linda Williams et Slavoj Zizek.

Remerciements : Alexandre Ivol pour ses conseils, Emmanuel Joubeaud pour l'illustration de couverture.

Table

Cinéma et Photographie
aux éditions L'Harmattan

Dernières parutions

UN ABÉCÉDAIRE DE LA FANTASMAGORIE
Prélude
Vimenet Pascal - Préface de Marcel Jean
Un abécédaire de la fantasmagorie se distingue de tous les ouvrages parus sur le cinéma d'animation par son architecture et son sujet. Sans visée encyclopédique, ces soixante-quatre entrées questionnent la propagation internationale de la fantasmagorie et ses manifestations dans le cinéma d'animation aux plans graphique, technique, littéraire, politique, philosophique et plastique et forme un ensemble unique retraçant l'histoire des «phantasmagories» jusqu'aux expériences hybrides actuelles.
(Coll. Cinémas d'animations, 39.00 euros, 402 p.)
ISBN : 978-2-343-06514-4, ISBN EBOOK : 978-2-336-38422-1

ART-VIDÉO ET FICTIONS DU QUOTIDIEN
Sur les traces de Bob Santiano / Oublier Zanzibar / Disparitions
Thomas Erika
Cet ouvrage présente trois actions artistiques ayant servi de supports pédagogiques à des cours et ateliers portant sur la création artistique et audiovisuelle à partir du quotidien et ayant été présentées et sélectionnées lors d'événements culturels en France et à l'étranger. Le goût du quotidien et celui du jeu ritualisé associés au désir de faire de l'action artistique le vecteur de nouvelles réélaborations relationnelles et de nouvelles approches spatiales irriguent ces trois actions.
(Coll. Audiovisuel et communication, 18.00 euros, 184 p.)
ISBN : 978-2-343-05904-4, ISBN EBOOK : 978-2-336-38243-2

ESSAIS ET DOCUMENTAIRES DES AFRICAINES FRANCOPHONES
Un autre regard sur l'Afrique
Assiba d'Almeida Irène, Lee Sonia
Il y a presque un demi-siècle, les Africaines entraient dans la littérature afin de prendre publiquement la parole. Aujourd'hui, membres de l'intelligentsia et citoyennes à part entière de leur continent, elles se sont approprié l'essai et le film documentaire. Dans cet ouvrage novateur, les auteures nous font découvrir le dynamisme de la pensée des essayistes et l'acuité du regard des documentaristes

africaines qui se portent, par la parole et l'image, en témoins éclairés de l'Afrique des Indépendances.
(Coll. Écrire l'Afrique, 20.00 euros, 202 p.)
ISBN : 978-2-343-05967-9, ISBN EBOOK : 978-2-336-38229-6

JEAN ROLLIN, ÊTRE ET À VOIR
Jean-Loup Martin
Portrait de Jean Rollin, disparu en 2010, l'un des rares cinéastes français à s'être illustrés essentiellement dans le fantastique. Jean Rollin a frisé le génie en réalisant des films de genre à petit budget, ramant à contre-courant entre la nouvelle vague dorée hexagonale et les ouragans argentés d'Hollywood. À travers de nombreux extraits de ses films fantastiques et du *making-of* de son dernier long métrage, voici une face cachée de Jean Rollin qui était fasciné par les femmes et les vampires. Ce documentaire dévoile sa façon de tourner, unique en France, et permet de mieux comprendre ses films devenus cultes dans le monde entier. BONUS : Journée de tournage (2015, 60 min.). Jean Loup Martin a filmé le 22 janvier 2010 une partie du tournage du dernier film de Jean Rollin, *Le masque de la méduse.*
(20.00 euros)
ISBN : 978-2-336-29715-6

LE CASSE DES CASSES
Florian Hessique
Ludo, chercheur au CNRS de son état, vient d'être licencié pour faute grave. Il ne veut pas que quelqu'un l'apprenne et doit assumer un train de vie soutenu ainsi qu'une pension alimentaire élevée. En désespoir de cause, il se tourne vers son beau-frère Sébastien en espérant qu'il trouve une solution. Après quelques minutes de réflexion, la seule (mauvaise) idée que Sébastien propose à Ludo est de cambrioler la station-service où il travaille avec son ami Nicolas. Bien que très perplexe et connaissant la facilité exemplaire avec laquelle Sébastien arrive à se retrouver dans des situations délicates et à y entraîner les autres, Ludo finit par accepter mais à SES conditions... «Une vraie comédie familiale.» (*Téléstar*)
(20.00 euros)
ISBN : 978-2-336-29707-1

ARGENT, DETTE ET MUSIC-HALL !
Nigel Hollidge, Armel Petitpas, Stefano Amori
Dans un petit théâtre d'aujourd'hui, trois comédiens et un pianiste laissent pour une soirée leurs tracas en coulisse. Car ce soir c'est music-hall ! Tous les talents sont réquisitionnés. Travestis, paillettes et claquettes, magie, impros et ombres chinoises ! Dans un jeu de miroirs et d'allers-retours, le souvenir des années 30 (quand on tentait de se divertir en chansons des traumatismes de la grande crise) résonne avec notre époque, ambivalente et trouble. Des numéros de grand talent lèvent le voile sur la grande illusion aux origines de l'argent. Peu à peu, sur scène comme derrière le rideau, le clinquant se fissure, le vice s'immisce, les intérêts sont mis à jour, à tout moment la bulle menace d'éclater, laissant place peut-être à une autre donne... «*Argent, dette et Music-Hall !* offre la preuve sonnante et fort dansante que le manque de moyens est parfois une chance. Si l'argent ne fait

pas le bonheur, il fait au moins celui des spectateurs le temps de ce spectacle.» (*Marianne*).
(15.00 euros) ISBN : 978-2-336-29719-4

LE CINÉMA, UN ART IMAGINAIRE ?
Yves Patricia
Pourquoi choisir de publier un auteur qui exerce sa vivacité d'esprit contre le cinéma ? Parce qu'il est stimulant de soupçonner encore et sans relâche le rapport entre l'art et le régime politique de la Cité. Et particulièrement le cinéma en tant qu'aboutissement historique des perfectionnements de la capacité mimétique de l'art, une merveilleuse boîte à illusions. Au surplus, cette critique, nourrie de philosophie et de psychanalyse, ne cherche-t-elle pas à nous amener à défendre le cinéma ?
(Coll. Le Parti pris du cinéma, 14.50 euros, 146 p.)
ISBN : 978-2-343-06174-0, ISBN EBOOK : 978-2-336-38151-0

ARCHITECTURE ET DESIGN DANS LES FILMS DE JAMES BOND
Pignol Alexandra, Mroczkowski Stéphane
Il y a un style James Bond. Mélange de design contemporain, d'architecture radicale, le tout plongé dans un environnement technologique menaçant. Ken Adam, chef décorateur de génie, façonne les décors des premiers Bond selon une vision ancrée dans l'époque de la guerre froide, de la conquête de l'espace et de l'architecture radicale, en jouant sur des associations explosives des contraires. Ce livre décode à la fois décors fabriqués en studio et objets créés par des designers. En quoi donnent-ils du sens aux images et à l'action ?
(Coll. Esthétique série Ars, 27.00 euros, 256 p.)
ISBN : 978-2-343-06344-7, ISBN EBOOK : 978-2-336-38166-4

LES IMAGES QUI SE SUIVENT
Réflexion sur la continuité visuelle
Chih-Wei Lin
Les images successives, comme la bande-dessinée, ont toujours attiré notre regard. Néanmoins, en nous penchant sur ces images, nous nous apercevons qu'elles ne sont pas très réfléchies ; et donc nous questionnent. Pourquoi sentons-nous un mouvement même si en réalité ces images ne bougent pas ? Quels sont les faits d'essence de ces images curieuses ? Le temps accompagne toujours le mouvement ; alors quel rôle joue-t-il dans ces images successives ? Composé de théories et d'exemples artistiques, divers domaines sont traversés : la philosophie, la photographie, la cinématographie, l'art plastique...
(Coll. Champs visuels, 24.00 euros, 232 p.)
ISBN : 978-2-343-04440-8, ISBN EBOOK : 978-2-336-37615-8

20 CINÉMATONS OLÉ OLÉ !
Gérard Courant
Au début de l'année 1978, Gérard Courant commence une aventure cinématographique unique : la réalisation d'une vaste anthologie de portraits, appelés cinématons, de personnalités des arts et du spectacle. Un cinématon est le gros plan d'un visage en Super-8 muet. Voici enfin regroupés sur ce dvd les

cinématons les plus «olé olé» de tous les temps...»Gérard Courant a filmé plus de 2800 personnalités (exactement 2880 personnalités - 192 heures au total) et continue sa démarche artistique à travers le temps. Depuis près de 40 ans, sa méthode est toujours restée la même : filmer en une seule prise, sans répétition, en un seul gros plan, sans montage et toujours en 3'20», une personne qui décide elle-même ce qu'elle veut faire devant la caméra. Ce DVD très riche réunit les cinématons les plus sexe et/ou drôles : Noël Godin l'entarteur, Élodie star du X, Brigitte Lahaie, Marie-France...» (2X). BONUS : tournage du cinématon de Salim Kechiouche, 6 couples, documents sur Gérard Courant.
ISBN : 978-2-336-29702-6, 20.00 euros

LES FILMS À VOIR CETTE SEMAINE
Stratégies de la critique de cinéma
Sous la direction de Laurent Jullier
Comme le remarquait Guy Debord, la critique de cinéma est un «spectacle au deuxième degré, où le critique donne en spectacle son état de spectateur même». La mise en scène de ce spectacle a-t-elle des règles ? Suit-elle un rituel précis ? Une douzaine d'auteurs y étudient les stratégies mises en œuvre par les critiques, à différentes époques et dans différents pays, pour exposer leurs goûts ou pour convaincre leur public du bien-fondé de leurs positions. On trouvera en fin d'ouvrage, des entretiens avec des critiques de *Positif* et des *Cahiers du cinéma.*
(Coll. Champs visuels, 26.50 euros, 256 p.,)
ISBN : 978-2-343-05992-1, ISBN EBOOK : 978-2-336-37497-0

DES VIDÉOCLUBS POUR L'AFRIQUE ?
«Salles» de cinéma populaires et lieux de sociabilités au Tchad
Ndiltah Patrick - Préface d'Olivier Barlet
Depuis 20 ans, les salles de cinéma ferment en Afrique. Quelques projets ont reçu un soutien médiatique important, mais qui parle des millions d'Africains qui fréquentent chaque jour les «cinéclubs» où sont projetés des DVD pirates ? L'auteur étudie ces établissements qui prolifèrent au Tchad et dans la plupart des villes africaines, en toute illégalité. Il analyse leur modèle économique, leur programmation, leur public. Il s'agit de «salles» où se construisent à la fois une forme de culture cinématographique et des modes de sociabilité.
(Coll. Images Plurielles, 26.00 euros, 258 p.)
ISBN : 978-2-343-06132-0, ISBN EBOOK : 978-2-336-37580-9

UNE LETTRE NE S'ÉCRIT PAS (DVD)
Guillaume Levil
Julien et Nina établissent un pacte avec l'univers : ils doivent profiter de la vie, quel qu'en soit le prix. Cette décision les mènera-t-elle au bonheur, ou au contraire à leur disparition ? "Un premier long-métrage éclairé." (aVoir-aLire.com) "Des images magnifiques." (Silence-moteur-action.com). Bonus : "Making of" de Theo Semet, *Un Tour de cheville*, court-métrage de Guillaume Levil, bande-annonce du film.
(20.00 euros)
ISBN : 978-2-336-29680-7

L'HARMATTAN ITALIA
Via Degli Artisti 15; 10124 Torino
harmattan.italia@gmail.com

L'HARMATTAN HONGRIE
Könyvesbolt ; Kossuth L. u. 14-16
1053 Budapest

L'HARMATTAN KINSHASA
185, avenue Nyangwe
Commune de Lingwala
Kinshasa, R.D. Congo
(00243) 998697603 ou (00243) 999229662

L'HARMATTAN CONGO
67, av. E. P. Lumumba
Bât. – Congo Pharmacie (Bib. Nat.)
BP2874 Brazzaville
harmattan.congo@yahoo.fr

L'HARMATTAN GUINÉE
Almamya Rue KA 028, en face
du restaurant Le Cèdre
OKB agency BP 3470 Conakry
(00224) 657 20 85 08 / 664 28 91 96
harmattanguinee@yahoo.fr

L'HARMATTAN MALI
Rue 73, Porte 536, Niamakoro,
Cité Unicef, Bamako
Tél. 00 (223) 20205724 / +(223) 76378082
poudiougopaul@yahoo.fr
pp.harmattan@gmail.com

L'HARMATTAN CAMEROUN
TSINGA/FECAFOOT
BP 11486 Yaoundé
699198028/675441949
harmattancam@yahoo.com

L'HARMATTAN CÔTE D'IVOIRE
Résidence Karl / cité des arts
Abidjan-Cocody 03 BP 1588 Abidjan 03
(00225) 05 77 87 31
etien_nda@yahoo.fr

L'HARMATTAN BURKINA
Penou Achille Some
Ouagadougou
(+226) 70 26 88 27

L'HARMATTAN SÉNÉGAL
10 VDN en face Mermoz, après le pont de Fann
BP 45034 Dakar Fann
33 825 98 58 / 33 860 9858
senharmattan@gmail.com / senlibraire@gmail.com
www.harmattansenegal.com